実践に学ぶ
30分カウンセリング

多職種で考える短時間臨床

細澤 仁・上田勝久——編

日本評論社

はじめに

心理療法の世界では、伝統的にカウンセリングの基本的設定は週1回50分とされています。種々の現実状況から、頻度が隔週や月1回となることも稀ならずあります。そのような事例を学会や事例検討会で見聞きする機会もありますが、それでも面接時間はやはり50分の場合が多いようです。一方、時代や社会の変化に伴い、カウンセリングを実施している組織・機関から、頻度の減少だけではなく、時間の短縮も要請されるようになってきています。現実には隔週30分、月1回30分という設定もそれほど珍しくないという状況があります。恵まれた心理臨床家を除く、多くの若手心理臨床家は、そのような現実的な状況のもと、臨床実践を行っているのです。

従来型の長時間・高頻度面接から現代的な短時間・低頻度面接への移行という状況があるにもかかわらず、現在、手に取ることができる多くの書籍や文献は、週1回50分のカウンセリングを基本的設定としており、そこでの理論や技法を探究しています。心理臨床家であれば、設定が心理療法プロセスに大きな影響を与えるということに異議を唱える人はいないでしょう。新しい状況が創出されているならば、その状況における理論や技法を検討する必要があります。

若手の臨床心理士はこのような状況で悪戦苦闘しながらカウンセリングを行っています。また、公認心理師という新たな国家資格が創出されました。彼らはいきなりこの現実に投げ出されることになります。さらに、カウンセリングを実践するのは、医師、臨床心理士、公認心理師だけではありません。看護師や精神保健福祉士も患者・クライエントとのカウンセリングを実践しています。看護師や精神保健福祉士は不明瞭な設定でカウンセリングを行っている場合が多いと思いますが、その時間は伝統的長時間面接よりも短い場合が多いと思われます。このように多くの臨床家が短時間カウンセリングを実践しているのですが、彼らが参照できる書籍には、この状況に対応したものがほとんど存在していません。

本書の執筆者は、こうした現状において短時間のカウンセリングを実践してきた多職種の臨床家たちです。本書の目的は、現実状況のなかで臨床を行っている若手から中堅の心理臨床家、そして、これからこうした心理臨床の場に参入してゆく心理臨床家の卵、さらにカウンセリングに携わる看護師や精神保健福祉士に臨床上のヒントを提供することです。本書の刊行が契機となり、短時間カウンセリングについての議論が深化することを願っています。

細澤　仁

実践に学ぶ30分カウンセリング◎目次

I

短時間カウンセリングを始める前に

第1章　短時間・低頻度サイコセラピー序説
――その展望と現状

筒井亮太

1　はじめに

昔から日本の心理臨床の世界では、心理療法やカウンセリング[*1]の枠組みは「週1回」「50分」（「45分」の場合もありますが）と相場が決まっていました。私自身も盲目的にこの習慣に従ってきました。

ところが、昨今の臨床現場を見渡せば「週1回」も「50分」も、その設定と維持が相当に難しくなっていることに気づかされます。「隔週」「月1回」であったり「15分」「30分」であったり、実際の現場のニーズは変化しています。にもかかわらず、依然としてこの枠組みが前提とされており、多くの議論や考察がこのラインに沿って行われているのも事実です。

本書の目指すところは、こうした現場と文献のあいだの乖離を明らかにすることです。また、最前線で奮闘努力している同業者や同僚たちに向けて、ともに考えるためのプラットホームを届けることです。本書は「週1回」未満の低頻度、「50分」未満の短時間を射程に収めています。本章では、「時間」と「頻度」というトピックを取り上げ、短時間と低頻度のカウンセリングの思索に触れるための助走としたいと思います。

2 「頻度」をめぐって――低頻度化する心理療法

頻度に関して、まずは精神分析を参照してみましょう。フロイトが精神分析を始めた当初は、1週間につきセッションの回数は6回でした。フロイト自身は無神論者でしたが、「みんなは教会に行くだろうから」という理由で日曜日のみ休みでした。月曜日から土曜日まで会い続けて、日曜日の休止を挟むというリズムで精神分析は実践されていました。フロイトは週末にセッションが途絶えると患者が抵抗する事態を指して「月曜のかさぶた」(Freud, 1913) と呼んでいました。

＊1 厳密には「カウンセリング」と「サイコセラピー」(心理療法・精神療法) は区別されますが、ここでは交換可能な用語として扱います。また「患者」「クライエント」「被分析者」、「セラピスト」「カウンセラー」「分析家」「治療者」も異なるタームでしょうが、使い分けておりません。

精神分析サークルにおいて、頻度はたいへん重要な要素です。呼称や区分に諸説ありますが、1週間につき4回以上を標準的な「精神分析」、3回を「精神分析的心理療法」、2回以下を「精神力動的心理療法」と呼びます（Holmes, 2015）。エチゴーエンの技法書（Etchegoyen, 1999）を繙きますと、週5回のセッション・2回の休みというリズムが「精神分析らしさ」を生み出すのであって、週3回ではそのようにはなりにくいとあります。[*2] コルタート（Coltart, 1993）は、週3回以下の設定を「心理療法」と呼んで、週4回以上の精神分析とは区別しています。本書は精神分析の本ではないので、コルタートの基準に従って、週3回以下の実践を注視していきます。

(1) 諸派の頻度設定

フロイトと袂を分かつようになったアドラーとユングは、精神分析の象徴ともいえる寝椅子の使用に否定的でした（Adler, 1929; Jung, 1968）。アドラー派もユング派もセッションの頻度を固定したものとは見ておりません（Manaster & Corsini, 1982; Jung, 1935）。とはいえ、この考え方が後進たちに墨守されているわけでもありません。たとえば、精神分析と一定の交流があるユング・ロンドン学派のフォーダムは、週5回と寝椅子の設定を供給する必要性を説いています（Fordham, 1978）。

人間性心理学の泰斗ブーゲンタール（Bugental, 1999）は寝椅子の使用にも開かれており、最低でも週2回の頻度が必要であるとしています。設定は治療者が決めるという従来の見解に反対し、クライエント自身のニーズを最大限汲み取ろうとするロジャーズ派では、週1回を基本としつつもその設定を押しつけるのではなく、適宜話し合うことが推奨されています（Mearns & Thorne, 1988）。交流分析（Stewart, 1989）やゲシュタルト療法（Clarkson, 1989）には特定の遵守すべき設定はなく、個々の治療者の判断に委ねられています。あるいは、マーラー（Mahrer, 1986）のように、1回のセッションを独立して完結した時間とみなすセラピストもいます。

認知療法のベック（Beck et al., 1979）は、最初からセッション数を限定しているために頻度に強いこだわりを示していませんが、うつ病患者に対して初期は週2回で会うことを勧めています。問題解決の方向性を持つ心理療法の多く（たとえば、Mynors-Wallis, 2005）は、そのターゲットとなる主訴の推移に応じて柔軟に頻度を動かすようですが、ベック同様、初期には週1回以上の頻度を求めています。行動療法でも頻度に関しては同様の意見のようです。ただし、当然のことですが、これは対象となる問題に依存します。たとえば、境界性パーソナリティ障害に特化した弁証法的行動療法（Linehan, 1993）は、さまざまな治療形態を複合させたチーム療法ですが、ここでの個人心理療法は週1回以上の頻度が求められています。

矢部八重吉らによって日本に導入された頃、精神分析では週複数回という設定が採用されていました。しかし、当時の心理支援の浸透具合を鑑みた結果、古澤平作がその実践の頻度を「週1回」とし、以降、伝統的にこの設定が受け継がれることになりました。そうした伝統を受ける形

＊2　フロイト自身は、軽症の場合や快方に向かっている場合には週3回で十分であると述べています（Freud, 1913）。

で編纂された北山と髙野（2017）による「週1回」心理療法の編書は重要です。「週1回」（精神分析的）心理療法の展望や歴史、「週1回」の持つリズム性や特質、アセスメントや適応問題などがさまざまに論じられており、一読の価値があります。

最も高頻度を主張するはずの精神分析が日本において「週1回」で実践されてきた事実、その是非は歴史的経緯を踏まえたうえで検討されなければなりません。しかし、それは本章の範囲を越えますので、ここでは触れません。ともかく、日本において「週1回」という設定が相当に重視されてきたこと、そして海外でも1週間に求められる頻度が下がってきていること、その認識を持つことが重要です。

(2) 頻度をめぐるアレコレ

クライエントのニーズと状態に応じて治療者は妥当な頻度をオファーするというのが理想的な落とし所でしょう。そのためにはアセスメントが肝要となります。多くの論者は「週1回」頻度でもその利益を十分に受け取ることができるクライエントや患者が存在することに異論を持ちません。その一方で、週複数回設定のセラピーと比較すると、「週1回」は多くの限界を有していることにも反論はないでしょう（Langs, 1973）。1週間の間隔があけば1回のセッションに持ち込める素材や話題はいくらでも用意できるので〈いま・ここ〉での局面で事態が展開しにくい反面、ゆっくりと丁寧にこころの問題へ接近することも可能です。「週1回」という限られた接点でこころの問題に触れなければならない、「よい解釈（介入）」をしなければならないというプレッシヤーが治療者に与える悪影響にも注意を払っておく必要があります（Cooper & Alfillé, 1998）。
精神分析家の岡野（2017）は、セッション頻度を「強度」という観点から捉え直しています。週6回の強度をマックスとすれば、そこから頻度が下がるにつれて「強度」も下がります。岡野はその低い強度のなかでも工夫を施せば心理療法を行うことが十分に可能であると指摘しています。また上田（2018）も低頻度設定では「自我支持的」な心理療法をベースとし、認知行動療法（以下CBT）や短期療法の手法を組み合わせることを提言しています。岡野も上田も、一定以上の高頻度のセラピー経験を内在化した軸を参照しつつ、自身の内的な動き（つまり逆転移）に注意を払い、クライエントの利益を最大限に考慮するという前提を持てば、低頻度設定のなかでも十分に心理療法は展開すると述べています。

ここで少し趣を変えて、頻度設定をさまざまな角度から眺めてみましょう。これまで見てきた議論では、1週間の頻度は固定されたものとして扱われてきました。その固定されたリズムのなかでさまざまな治療的な体験が生じていくというように理解されているようです。ところが、精神分析家のウィニコット（Winnicott, 1977）は、子どもの精神分析において「週1回」よりも「オンデマンド（その都度セッション日時を決めること）」のほうが好ましいと述べています。「週1回」未満の頻度で取り持たれた心理療法の文献として、ドルト（Dolto, 1971）やバリントら（Balint et al., 1972）も参照できます。これらの治療経過を眺めると、かなりの成功を収めているように映ります。[*3] 純粋な治療の観点から見ると、頻度を固定する必要性、あるいは「週1回」以上の頻度を厳守する必然性は存在するのでしょうか。

実際に治療的に作用しているのはセッション内の時間ではなく、セッション外の時間であるという見解も存在します。先述のCBTでは、セッション外の時間でホームワークが課されることが多く、クライエントは日常生活を「セラピー化」するように求められています。ここには、セッション時間だけで治療を完結させないことで効率化を図るねらいがあります。サリヴァンは本当に治療的な効果が発揮されるのは、セッション時間内ではなくそれ以外の時間であると指摘しています。さらに、中井・山口（2004）は、高頻度設定は患者を考えさせないようにしているとすら述べています。

頻度に関する最大の問題提起は家族療法のミラノ派（Palazzoli et al., 1975）から出されています。ミラノ派はセッションを10回程度に限定し、2週間から1カ月までの幅で積極的に頻度を下げるようにしています。ミラノ派の治療設定は独特なものですので、詳しくは成書にあたっていただくとして、ここでは頻度を下げる根拠に焦点を絞って記述します。ミラノ派は家族メンバーの症状が家族システム全体を維持していることに目をつけ、システム全体を揺さぶるために「現状維持」を勧めます。

たとえば、夫婦げんかが問題であれば、それが家族全体を維持していると積極的に肯定したうえで評価し、「次回までけんかを続けてください」という「処方」が行われます。けんかをすることがよいことであると意味づけられ、しかもそれを続けよと言われると人間はけんかをしにくくなるものです。その際のセッション頻度が毎週よりも1カ月程度離れていたほうが大きな変化は起きることをミラノ派は気づいたのです。このミラノ派の見識も実際に治療的に作用しているのがセッション内の時間ではなく、セッション外の時間であることを示す好例でしょう。

3 「時間」をめぐって――短時間化する心理療法

これまで見てきたように、心理療法やカウンセリングはその全体の期間が短くなったり、頻度が下がったりしています。ただし、そのセッションの時間は「50分」が圧倒的に多いようです。多くの理論書や実践書がこの時間をスタンダードにして議論を展開しています。

しかし、現在の臨床現場では少し事情が異なります。保険診療制度の規定を受ける医師はもちろんのこと、病院やクリニックなどの医療現場で働いているサイコロジストも「50分」面接を設定するのが難しくなっています。たとえば、トラウマ治療にはかなりの配慮と感性を要求されますが、そのような状況であっても通院精神療法は「隔週」「30分」が上限であるとのコンセンサスが精神科医たちのあいだにはあります（岡野、2017）。

スクールカウンセリングに代表される学校現場でも事情は似ています。そもそも、「50分」という時間枠を毎度確保できるわけではありません。授業時間と休み時間というサイクルを絶え間なく繰り返していく学校現場で、個別の子どもたちのために「50分」を毎週こしらえるというの

＊3　その一方で、こんな逸話もあります。現代催眠の基礎を築いたミルトン・エリクソンは、弟子の誰かが子どもとの心理療法で次回セッションまでの間隔を2週間あけたと報告すると、「子どもにとって2週間は永遠です」と叱ったそうです。

は難しいでしょう。ここで、まずはカウンセリングの時間枠について、先達が遺した文献を眺めてみましょう。

(1) 黄金の「50分」

精神分析に関していえば、フロイトは最初、そのセッション時間を「60分」としていたようです。ところが、1時間単位のセッションを連続で持つと、セッションのあいだに休みを入れられないという不具合が生じてきました。そこでフロイトの愛娘アナが、1回「50分」にしたら10分休憩ができると勧めたらしいのです。ある意味では、これが最初の「短時間化」の試みでした。以降、伝統的に精神分析は「50分」となりました。その一方で、フロイトは患者の状態によっては1時間を超える場合もあると述べており（Freud, 1913）、時間を完全に固定したものとして扱っていなかった節があります。

再度、エチゴーエン（Etchegoyen, 1999）を参照してみると、やはりセッションの時間は「50分」とあり、「30分」セッションで実践されている心理療法とはその方法からして別物であると書かれています。そして、後述のラカン派の「時間可変セッション」も、先述のウィニコットの「オンデマンド」も精神分析ではないと断言されています。精神病患者に対して精神分析を敢行したハーバード・ローゼンフェルドは1回を「90分」に設定していたともいわれていますが、基本的には精神分析のセッションは「50分」です。

さて、精神分析以外の文献にも目を通してみると、多くの治療形態で設定が明記されている場合、そこには「50分」とありました。しかし、一部の例外もあります。先に述べた弁証法的行動療法（Linehan, 1993）での個人心理療法は「50分」前後から「100分」前後までの幅を持っています。CBTの筆頭格であるエクスポージャー技法やトラウマ治療の有望株EMDRは「90分」ないしそれ以上の時間を1回のセッションに求めています。ある特定の疾患や問題に対して「50分」以上の時間を設定するのが最適解とする考えがこれらには共通しています。しかし、減らすのではなく増やすという方向に舵を切っているのが重要な点です。そこには多くの技術やスキルを投下して問題解決にあたるという思考があるようです。

(2) 短時間化の試み

ところが、この黄金の不文律である「50分」を揺るがす試みが行われました。そこには、(a)固定された時間を治療的意図を持って変更すること、(b)すでに与えられている限られた時間内で心理的支援を届けること、の2つの方向性があるようです。前者の方向性はフランス精神分析の中枢パリで発生し、後者の発祥地は実地医家がひしめくイギリス精神医療でした。それぞれを見ていきましょう。

(a) フランスの「時間可変セッション」

治療構造を相当に重視する精神分析で、時間を可変にした人物がいました。フランスの精神分析家ジャック・ラカンです。ラカンは、フランス思想の代表格として知られていますが、フランスの精神分析シーンを牽引していた巨人でもあります。そんなラカンですが、国際精神分析協会から「破門」された経歴を持ちます。その破門理由は、彼の実践した「時間可変セッション」にありました。難解で知られるラカンの理論をそのままここに記載することはできませんので、すぐれた解説者のフィンク（Fink, 1997, 2007）からその実践論の一端を引きます。

セッションを途中で中断して終わらせること、その技法を「区切り scansion」といいます。通常、精神分析では自由連想法が採択され、被分析者は思い浮かんだことをそのまま語ることが求められます。そこには当然、日々の一見すると他愛のない話が流入します。分析家への転移が偽装されているかもしれませんし、抵抗が表現されているのかもしれません。これを分析家は解釈という技術によって介入していくのですが、ラカン派の「区切り」は少し異なります。

分析家は自分が重要だと思った素材を強調するのを恐れてはいけません（Fink, 1997）。換言すると、「自由」に連想を語らせる一方で、分析家は自身の「欲望」を挿入し、語られた素材に潜む無意識を強調するべきなのです。「区切る」ことで、被分析者がセッションを空虚な話題で埋め尽くすことを阻止する、というのがこの「時間可変セッション」の要点となっています。

この視点からすれば、むしろ時間を「固定」しているほうが批判の対象にすらなります。ラカン派にとって精神分析はサービス業ではありません。被分析者は、「50分」にパッケージされたセッションをある種の商品として買い取る「クライエント」ではないのです。また、時間が固定されると患者たちは、本質的で核心的な話題の周辺を埋め合わせるような語りを余儀なくされ、本題に進みにくくなる、とフィンクは指摘しています（Fink, 2007）。

実存心理療法家のアーヴィン・ヤーロムは、哲学者ハイデガーの考えを援用して、時間がいつまでも一定に存在し続けると思って生きる在り方を「非本来的」なものと指摘し、時間が有限であり〈いま・ここ〉を意識して生きる在り方が実存的であると述べています（Yalom, 1980）。その意味では、「区切り」による「時間可変セッション」は、本来、何者にも制御できない「時間」の性質をダイレクトに反映させた技法ともいえるでしょう。

ただし、注意すべき点もあります。それはこの技法が週3回以上という頻度設定を持つ精神分析実践のなかで用いられているという点です。本書のメインテーマである「低頻度」設定でこの技法をそのまま用いるならば、クライエント側に相当の傷つきがもたらされるのは必至でしょう。また、フィンクも述べているのですが、セッション開始数分後での「区切り」や、セラピストの直感のみに従った濫用は控えなければなりません。とはいえ、短時間でのセッションの「終わり方」を考えるうえで、一考の余地がある視点であるのも間違いないでしょう。

(b) イギリスの「バリント・グループ」

イギリスでは心身の不調を経験すると、基本的にかかりつけ医ともいえる「一般開業医 general practioner」の診療を受けます。そして、その一般開業医の判断で専門医にリファーされたりされなかったりするのです。この制度の当然の帰結として、一般開業医が診る患者の数と疾患の幅は相当に大きいものとなります。

しばしば、身体的な問題を訴えてくる患者になんの身体的異常も検知されないことがあります。

身体所見がない以上、その愁訴を妥当なものとする証拠がないことが起きます。ところが、事実として患者は苦しみを訴えるのです。ここに心理社会的な問題を看取して治療にあたることを訴えた人のひとりがイギリスの精神分析家マイケル・バリントでした。彼は精神分析をはじめとした心理援助の知見を一般開業医と共有していく研究グループを発足させたのです。これが著名な「バリント・グループ」と呼ばれる集団です。

日本でも同様に、一般的な精神科の外来診療は極度に時間が限られています。そのため、治療的なやりとりを展開させることが相当に難しくなります。医師は定例的な確認事項のみを質問し、その病状が推移している背景を詳しく探ることなく「眠れない？　ではお薬を追加しておきましょう」と増薬するかもしれません。どこかで松本俊彦は、こうした「夜眠れているか？　飯食っているか？　歯磨いたか？　また来週……」という外来診療を「ドリフターズ診療」と揶揄しています。

ここで医師が限られた診察時間内で心理的援助を供給する際に有益な文献を並べてみましょう。「6分」対話療法（第2章参照）や「10分」CBT（David, 2013）、日常診療での「10分」心理療法（中村、2016）、「15分」心理療法（Stuart & Lieberman III, 1993）、「20分」心理療法（Castelnuovo-Tedesco, 1965）。どうやら、日々の診察でひとりの患者に割ける時間は多くても「15分」から「20分」のようです。こうした短い診察時間でも積極的に活用しようとした先駆的試みのひとつは笠原（2007）の「小精神療法」でしょう。いささか時代の流れを感じさせないでもないですが、その要諦は現在でも十分に通用するものです。表1にざっと挙げておきます。

表1　笠原（2007）による「小精神療法」の試み（一部改編）

1．	病人が言語的・非言語的に自分を表現できるよう配慮する。
2．	基本的には非指示的な態度を持し、病人の心境や苦悩を「そのまま」受容し了解する努力を惜しまない。
3．	病人と協力して繰り返し問題点を整理し、患者に内的世界の再構成を促す。一定の範囲内かつ必要に応じた指示、激励、医学的啓蒙を行う。
4．	治療者と病人との間に起こりうる転移現象につねに留意する。
5．	深層への介入をできるだけ少なくする。
6．	症状の陽性面のうしろに隠されている陰性面に留意し、その面での悪条件をできるだけ少なくする。
7．	必要とあらば神経症と思われる状態に対しても薬物療法の使用を躊躇しない。
8．	短期の奏功を期待せず、変化に必要な時間を十分に取る。

4　まとめ――現実の「30分」

さて、長々と蛇行してきましたが、いよいよ核心です。本書で一貫して述べられているように、現在の臨床現場のカウンセリングは「週1回」以下の頻度、「50分」未満の時間で運営されていきつつあります。これが紛れもない現実です。そして、頻度にしろ時間にしろ、私たちがこの現実に対応するために参照できる文献は非常に限られています。本章では、「頻度」と「時間」に関して、文献的な概観を試みました。その運用にあたっての工夫や実際に関しては本書のほかの章で十分に例示されています。なので、ここでは少しだけ補足させてください。

(1) アセスメントと適応

現場で古典的な設定（「週1回」「50分」）を供給することが難しくなり「隔週」「30分」のような設定

に限界があるとしても、クライエント側からすればそれはやはり「カウンセリング」や「心理療法」なのです。ゆえに、誰かれ構わずに導入するわけにはいきません。それ相応のアセスメントと適応の判断は不可欠です。いくつかの文献を参考に良好な結果にいたるクライエントの特徴を表2に挙げてみましょう（Castelnuovo-Tedesco, 1965; Coltart, 1993; David, 2013; Segal et al., 1995）。

初回面接はさまざまな意味で重要となります。受容的な治療関係を構築する意図を示しつつ、クライエントの適性をアセスメントしなければなりません。治療者は率直かつ誠実な態度で、自分自身の価値観を押しつけることなく、ケアを届ける必要があります（Castelnuovo-Tedesco, 1965）。限られた時間では主訴の問題歴のみで終わり、家族歴や生育歴まで聴取することは難しいかもしれません。詳細な質問を駆使し、適宜治療者の理解を提示して、クライエントの反応を探るべきでしょう。その手応えや治療者側の感覚、感情、クライエントの話し方などといった非言語的な手がかりと、クライエントの話す内容という言語的な情報をもとに、まずは緊急性、ついで治療可能性をアセスメントするのです。

医療や看護の分野ではＳＯＡＰ（主観的 Subjective、客観的 Objective、評価 Assessment、計画 Plan）がよく用いられているでしょうが、短時間セッションではＢＡＴＨＥ（Stuart & Lieberman III, 1993）を採用します。つまり、背景 Background、感情 Affect、悩み・苦悩 Trouble、処理 Handling、共感 Empathy です。なにが起きているのかの事情(B)を聴き、患者の体験(A)を尋ね、一緒になって問題や主訴(T)を概念化し、これまでとられてきた対処方法(H)を聞き取り、その苦労や苦痛を認めること(E)がＢＡＴＨＥの一連の流れです。このように接することで、１回の出会いに治療的な厚

表2　良好な結果にいたるクライエントの特徴

1．自身の頭のなかの自動思考を同定して言語化する能力
2．さまざまな感情や情緒を体験し識別できる能力
3．変化に対する責任を受け入れられる能力
4．心理学的説明や認知行動療法の論拠を理解して納得できる能力
5．治療者や治療環境と（セッション内とセッション外での）治療同盟が結べる可能性
6．主訴となる問題が比較的最近になって生じていること
7．十分な集中力で治療課題に取り組むことができること
8．問題となる領域が焦点化できてそこまで深刻ではないこと
9．治療に関して楽観的な視点を有していること
10．安全保障を維持する防衛的な機能を有しており、日常の対人関係が良好であること
11．自身の内面の事情を正直に治療者に言葉で打ち明けることに強い抵抗がないこと
12．外的事象と自身の感情的な反応を適度に結びつけることができる能力
13．自身の生活史をたしかな自覚を持って語れること
14．人生上の出来事や他者との関係を積極的に意味づけていくことができる能力
15．情緒的な実感を伴って過去の記憶を思い出すことができること
16．イメージや比喩、夢など「無意識」的な素材に対して親和性が高いこと

みを持たせることができるでしょう。

「禁忌」についても考えておかなければなりません。一般的には、器質性の問題やアディクション、低い欲求不満耐性と自他への破壊行為歴、ストレス下での精神病的破綻経験、「二次的疾病利得」の問題などを抱えた人びとに心理療法を提供することには慎重であるべきです（Malovic-Yeeles, 1998）。病理が重い患者を相手にする場合は高頻度設定が推奨されますが、ソーシャルサポートやリソース、あるいは入院病棟という患者周辺の環境が十分に整ってい

る必要があるでしょう。

(2)「30分」セラピーのプロセス

治療者は、クライエントの「現在」と「将来」をつねに見据えながら治療にあたる必要があります。優先順位を設定し、(場合によっては)ホームワークを課し、依存よりも独立を促すスタンスをとるべきでしょう(Stuart & Lieberman III, 1993)。治療者は先述の「小精神療法」の心得を参照しつつ、治療目標を現実的に考えます。大まかには外的な環境の調節を目指すのか、内的な資質の変容を目標に据えるのかで、治療期間も治療戦略も変わってきます。小さな勝利を積み重ねていくイメージで、治療的に多くを望まずに節制した視座を持っておいたほうがクライエントも落ち着くでしょう。

少ないセッション時間で転移というような濃密な治療関係が展開するのかどうかには議論の余地がありますが(Castelnuovo-Tedesco, 1965; Stuart & Lieberman III, 1993)、私の経験によれば、少ないセッション時間でも転移が生じてくることはあります。とはいえ、転移解釈というような関係性を取り上げる技法は避け、その転移の推移を予想しながらセッションに臨むというのが穏当な姿勢でしょう。治療関係が切迫してくれば、〈いま・ここ〉での関係性を俎上に載せるべきですが、つねに時間を意識しておくことが肝要です。

選択される技法は、治療目標と連動しますが、おおむね従来用いられてきた技法論とさほど変わりはありません。とはいえ、圧倒的に支持的な介入を要し、励ましや安心づけといった手法がベースとなるでしょう。また、治療者は沈黙や受動性に固執するのではなく、積極的な役割をとることが求められます。クライエントがすでに持っている種々の能力や特徴を「修正」するのではなく、「促進」するという視点が最も重要となるでしょう。

先述のミラノ派の見解を参照すれば、セッションの間隔があけばあくほど、多大な変化が生じている可能性もあります。セッション外の時間が治療的に働くという視点を採用することが短時間セッションではオーソドックスな立場となるでしょう。反面、セッションの間隔があくとセッションが外的な出来事の報告に終始してしまうので、治療者側から治療目標を再提示したり、話し合うべき問題を焦点化したりするような介入の必要もあるでしょう。

5 おわりに

多くの文献を渉猟していると、低頻度・短時間のカウンセリングや心理療法の書物や論考が極度に少ないことにあらためて驚かされました。同時に、ひとつの疑問も生じます。「隔週」「月1回」は本当に低頻度なのか、「30分」という時間は短時間なのか、と。それらはこれまでのスタンダードや常識という尺度と照らし合わせた結果に過ぎません。そして現代の心理臨床では通じなくなりつつある「常識」なのかもしれません。非「常識」uncommonで知られるミルトン・エリクソンは、「50分」面接して「10分」休むというような、予定表に硬直的に従うものが心理療法ではないと指摘しています（Zeig, 1985）。これはかなり示唆的な発言です。

本章では、これまでの「常識」をやや批判的に吟味し、そこから現在に活かせるエッセンスを抽出しようと試みてきました。もちろん、文献選択の基準が偏り、いささか拡散している感も否めません。しかし、最前線の現場と机上の議論に乖離があることだけははっきりとしました。この隔たりに架橋し、乖離を埋める作業は、現代を生きる私たち臨床家の課題であるようです。本書が、読者諸氏がその課題に挑む一助となることを願っています。

第2章　マイケル・バリントの短時間心理療法
──『6分間対話療法』を中心に

細澤　仁

1　はじめに

精神分析の国際的な正式設定は週4〜5回45〜50分というものです。そして、その期間は数年から数十年と相当に長期に渡ります。精神分析の設定は、長時間、高頻度、長期間という特徴を持っています。この設定の特徴が精神分析を敷居の高いものとしています。

現実や実践上の要請から、短期間や低頻度という方向性が精神分析の内部から提示されてきました。とくに期間に関しては、精神分析の始祖フロイトの「狼男」に始まり、ランクの「出生外傷」概念にもとづく期限設定、マンの短期精神療法、本章の主人公であるバリントの「焦点療法」等、多数の試みがあります。一方、低頻度に関しては、さまざまな立場からの現実的要請があり、議論や論争が起こっています。しかし、時間の短縮に関しては、精神分析の内部からはまったくといってよいほど議論が起こっていません。時間の短縮は精神分析にとってタブーなのです。ここではその事実を認識することで十分なので、その意味合いについては触れないでおきます。そのような状況に果敢に挑戦したのがマイケル・バリントです。

マイケル・バリントはなぜ、このタブーともいえる領域にチャレンジしたのでしょうか？　背景が2つあります。ひとつはマイケル・バリントの実際の父親が一般開業医であったことです。もうひとつはマイケル・バリントの精神分析における父親であるフェレンツィの影響です。フェレンツィは、精神分析サークルのなかで、理論よりも、臨床実践や技法に関心を傾けていました。彼はさまざまな技法を編み出し、臨床の場で試みました。つまり、整合的な理論の構築よりも、治療の役に立つことという素朴な価値観を重視していたといえます。マイケル・バリントは、おそらく、この2人の父親から実際の臨床現場で役に立つことをするという現実指向を受け継いだのでしょう。

本章で検討するマイケル・バリントの短時間心理療法は、長時間面接の精神療法技法を通常10分程度の時間しかかけることができない日常一般実地医療へ適用することを目的として探究されました。この探究は、マイケル・バリントが一般開業医とともに開催したセミナーにおいて展開されました。多くの精神分析家は純粋な精神分析に特別な関心があり、せいぜいのところ、低頻度（といっても、最低が週に1回）の精神分析的心理療法に関心がある程度です。マイケル・バリントのように、オンデマンド、短時間というほとんど構造化されていない設定に関心を抱く精神分析家はきわめて稀です。

諸事情により、マイケル・バリントの師であるフェレンツィが精神分析の世界で発禁状態となり、マイケル・バリント自身が精神分析の主流派のなかで無視されていたという状況も、彼が精神分析のタブーともいえる短時間療法に向かった一因かもしれません。神田橋（1988）が次のように語っています。「一九六七年、……コペンハーゲンで開かれた国際精神分析学会に出席したとき、すでに糖尿病のために視力が充分でないと噂されていたBalintが、フロアから諄々と諭すように語るのに、討論の流れのなかで全く無視されているのが痛々しかった。精神分析の本流から脱落し、分析医としての資格をもたない一般医を集めてそのリーダーになっている人物、といった扱いを受けているような雰囲気であった」。

とにもかくにも、精神分析のなかで、マイケル・バリントは、短時間心理療法というタブーにチャレンジしたのです。この稀有な探究を検討することは、本書のテーマである30分カウンセリングの探究にとって必要不可欠といえます。

『6分間対話療法 *Six Minutes for the Patient*』は、マイケル・バリントの死後、一九七三年に刊行されました。そのため、編者は彼の妻であるイーニッド・バリントとJ・S・ノーレルとなっています。また、本探究が一般開業医とともに開催したセミナーにおいて展開したという事情もあり、本書はさまざまな著者（主として一般開業医）の共著となっています。各著者にはそれぞれ個性があり、全員がまったく同じ考えを持っているわけではないことは明らかです。しかし、マイケル・バリントが当セミナーのリーダーであり、彼の着想は本書全体に浸透しています。『6分間対話療法』全体に彼の考えが反映されていると想定し、本章では議論を進めたいと思います。『6以下、出典がとくに明記されていない引用は『6分間対話療法』からのものです。訳は一部改変しています。

2　総論――マイケル・バリントの考え

マイケル・バリントが、一九六六年に短時間心理療法の探究チームを発足させた際、その着想には2つの出所がありました。

1つめは、「医師が患者の愁訴を、病気の観点のみならず、個人の葛藤や問題の観点からも認識し理解できるようになり、そのうえでこうした理解が治療的効果を発揮すべく、その理解を使用できるようになることを目指した試み」です。この研究は一九五〇年に開始されました。その目的は「精神医学面接技法をモデルとした何事かを医療実践に導入すること」でしたが、そこには相違があることが明らかとなりました。その最大のものが面接の時間でした。一般実地医家の平均診療時間は10分から15分でしたが、いわゆる「長時間面接」には40分から50分の時間が必要だったのです。

2つめは、一九五〇年代から、精神分析家チームが取り組んでいた「短期心理療法」の研究です。ここでは心理療法プロセスが探究されました。マイケル・バリントは「すべての治療は、患者と医師のあいだの相互作用に基礎をおいている以上、医師・患者のどちらかの一方に観察が限定されると、真の理解は得られない」と述べています。ここから、チームは「焦点療法 focal psychotherapy」という新しい心理療法の方法論を発見しました。焦点療法について簡単に説明しておきましょう。まず、焦点療法の前提条件は次のようになります。「(a) 最初の数回の面接で得られた観察所見を使用し、**焦点領域**あるいは**焦点**と呼ばれる、かなりうまく限定された領域を、患者のこころのなかに分離できること。(b) この領域において、患者が相当の再調整ができるように援助できる可能性を見出すことができること。そして、最後に、(c) この再調整が、患者の全生活状況において重要な改善をもたらしうること」です。これらを限られた面接回数で達成するために、焦点療法が考案されました。焦点療法において、セラピストは、可能な限り患者の連想がその焦点領域に向かうように解釈を行い、焦点領域から離れる連想については無視することになります。これを「選択的注意 selective attention」と「選択的無視 selective neglect」と呼びます。焦点療法においてセラピストに求められるものは、精神分析ないし精神分析的心理療法とは異なります。焦点療法において扱う素材は、全体対象、すなわち性器水準のものであり、精神分析において主として扱われる素材は、部分対象、すなわち前性器領域になります。そして、精神分析のセラピストは「自由に漂う注意 free-floating attention」という受動的な態度を保つ必要がありますが、焦点療法ではより能動的な姿勢が求められます。

焦点療法は、短期療法としては有望でしたが、面接自体は長時間面接でした。それゆえ、一般実地医療のなかではやはり「異物」でした。単純に時間という問題があり、医師はこの療法を必要とする患者全員にこの療法を提供することができません。結局、医師は、日常診療におけるルーチンとしては焦点療法を利用できないということになります。ここから、マイケル・バリントらは「10分間心理療法」について探究することになりました。

マイケル・バリントは従来型の方法を「大探偵の方法」と呼び、短時間療法を「同調の方法」ないし「フラッシュ flash を体験する方法」と呼びました。「大探偵の方法」において、医師は傾聴し、徹底的に調べ上げることになります。そのためにはかなりの時間が必要となります。一方の「同調の方法」において、医師は「正確に〝同調〟すること」が求められます。医師と患者のこころがかみ合っている体験を「フラッシュの体験」と呼びます。この体験は医師にも患者にも起こりますが、双方同時に起こったときに最大の効果が期待できるとされています。「同調」とはどのような事態なのでしょうか？　マイケル・バリントによれば、それは、医師が患者の「コミュニケーションを理解し」、患者が「自分を理解してもらったと実感できるように、そうしたコミュニケーションに反応すること」です。ここにおいて言葉の意味はあまり重要ではありません。「同調」には、医師の同一化能力が必要となります。しかし、この同一化能力は一方で、「無意識的共謀」等、医師－患者関係に危機的状況をもたらすことがあります。この危険を回避する方法について、マイケル・バリントは教育分析が最もよい方法としていますが、そのほかの訓練で補える可能性も指摘しています。

3　フラッシュ技法におけるセラピストの構え――イーニッド・バリントによる

イーニッド・バリントは、フラッシュ技法の作業原理を３つ挙げています。

１つめは、「諸理論あるいはこれらの理論からあらかじめ想定される問題に気を取られてはいけないということ」です。しかし、理論がないと、面接で生成する素材の観察と理解が難しくなります。「理論をもつと、理論に束縛されるが、理論をもたなければ、観察が困難となる」という現実があります。結局のところ、セラピストは、理論から自由になりつつも、注意深く念入りに観察できる能力を発展させる必要があるということになります。

２つめは、「観察したことに、どのように対処するか」ということです。その基本的なあり方は、セラピストが「観察所見とその意味について、こころのなかで思案する」ことです。セラピストのコメントは性急であってはならず、沈黙が重要であるとされます。

３つめは、「患者の隠す権利を……尊重すること」です。セラピストは、秘密を明らかにするのではなく、自分の考えが正しいかどうかテストするのです。フラッシュが起こるかどうかが重要であり、病因を見つけ出すことが目的ではないとされます。

このようなセラピストの構えが維持されると、フラッシュが起こるのです。フラッシュは濃密な接触ではありますが、濃密な接触が起こる通常の心理療法でありがちな依存や強力な転移関係は生じません。そのため患者の独立性と人間性の尊厳が脅かされることはありません。フラッシュ技法の真髄は、「進行中の接触が可能となり、医師も患者も自尊感情を放棄しなくてもよいような設定において、医師・患者間に生起する理解という、特別な強度を有するフラッシュ」にあるのです。

イーニッド・バリントは、フラッシュ技法を次のようにまとめています。

1. 強度を有する接触である。
2. 患者は独自のやり方で自由に医師を使用できる。
3. 医師は自由に独自の観察ができる。
4. 医師は自由に使用されるにまかせることができる。すなわち、患者が自分の時間を乱用するという不安を持たずに、自由に自身を与えることができる。
5. 訓練としては、医師は短時間面接の最中に、患者と自身の思考・感情を観察できるようにならなければならない。

そして、その訓練は、自由さと修練の雰囲気を醸し出す指導者によるセミナーが適切とされます。

4 フラッシュ技法におけるいくつかの重要事項

(1) 使徒的機能 apostolic function

マイケル・バリント（1957）は医師の使徒的機能について次のように語っています。「すべての医師は、病気の際、患者がいかにふるまうべきかについて、漠然としているが、ほとんど揺ぎなく確固たる考えをもっている……。それはあたかもすべての医師が、患者が期待したり、耐え忍ぶ事柄の正否について啓示された知識を有しているかのごとくである。そして、さらには、患者のなかで無知や不信仰な者をすべて、自分の信条に改宗させるという神聖な義務を負っているかのようである」。この使徒的機能の基盤には、患者の苦痛や不安を和らげたいという医師の欲求があります。そのため、使徒的機能に従って行動する医師は、保証や支持的アプローチを取りがちになります。むろん、保証や支持的アプローチそのものが悪いということではありません。適切な理解や診断のもとになされる保証や支持的アプローチは有用でしょう。問題は、そのような理解や診断がない状況で、無差別になされる保証や支持的アプローチです。

このような使徒的機能を下地として、医師は患者の包括的理解（「全体診断 overall diagnosis」とバリントらは呼んでいます）を求め、患者が提示する素材を詳細に調査しようとします。そのようなあり方をバリントらは、「探偵調査官」と呼んでいます。しかし、そのような治療技法は、医師と患者が濃密な接触を得ることを困難にしてしまいます。つまり、フラッシュが生じにくくなるのです。

⑵ 患者が医師を使用すること

それでは、医師はどのような治療的態度をとればよいのでしょうか？　パスモアは、使徒的機能を放棄し、「患者のニーズをいっそう汲み取り、患者が言おうとしていることにますます注意を払い」「患者と同じ波長で……同調する」ことが重要であると述べています。パスモアは、ここで、技法的には焦点療法の「選択的注目」と「選択的無視」が有用であると言っています。そのような状況で、患者はより積極的・主体的に治療場面を使用できるようになるのです。この事態が、患者が医師を使用するということなのです。すると、フラッシュが生じる状況が醸成されることになります。

(3) 診断の問題

クリンがいくつかの診断のカテゴリーについて説明しています。

1つめは伝統的診断です。伝統的診断の目的は端的にいって、疾病の同定です。もう少し丁寧に説明すると、伝統的診断は、「病気を、既知の枠組みに位置づけ、医師と患者の両者に共通する用語を使用して、構造化する診断方法」です。伝統的診断にはふたつの役割があります。1つは知的レベルの作業であり、病気の分類、予後判断、治療法の選択と関係しています。もう1つは感情レベルの作業であり、不安を喚起する状況を構造化することで、患者と医師の双方の不安を和らげることです。伝統的診断は疾病中心主義であり、身体医学ではきわめて重要です。そして、そこでは統計的考え方が基礎となります。その意味で科学的な診断と考えられます。しかし、精神医学や心理療法においては、病める個人の個別性が考慮されていない以上、伝統的診断は必要不可欠とはいえ、その有用性は限定的です。

2つめは、先ほど少し触れた全体診断です。全体診断とは、「専門職的能力における人間理解」です。そこには、患者の身体的・感情的状態の総体的状況、患者の自分自身との関係や医師を含めた他人との関係等の総体的状況が含まれます。全体診断では、患者の葛藤や苦悩が理解できるような人間像が提示されます。伝統的診断が統計に基礎をおいているとすれば、全体診断は人間の個別性に基礎をおいているといってもよいでしょう。その意味で、患者中心主義と考えられます。

全体診断にはすぐれた面が多いのですが、問題がいくつかあります。1つは、全体診断を得るには、詳細な質問が必要になるという点です。質問しても、質問に対する答えが返ってくるだけですし、質問はむしろ人を防衛的にします。質問をすることで、むしろ、有用な全体診断が得られなくなるという矛盾があります。そこで、バリントらは詳細な質問をするのではなく、患者を観察し、自由に話させ、傾聴するという方法論をとったのです。もう1つは、全体診断を得るためには、かなりの時間が必要であるということです。短時間面接には向かない診断法ということになります。これらの問題を解決するために、バリントらは「焦点領域」に注意を焦点づけるという工夫を行いました。もちろん、医師が選択した「焦点領域」が適切であるか否かという問題が新たに出てくるのですが。

3つめが相互関係診断です。これは医師と患者のあいだに即時的な理解をもたらす相互作用です。ある意味、診断的フラッシュといってもよいでしょう。フラッシュは「特異的な環境や雰囲気を創り出す出来事」なのですが、医師がそれを認識し、使用できる場合は、診断作業を行うことができます。この直観（直感ではありません）的なプロセスを持つ相互作業のなかで、焦点領域は自然と決定されます。

5　フラッシュとは何なのか？――私自身の考え

バリントらにとって、短時間心理療法の鍵がフラッシュであることは明らかです。『6分間対話療法』のなかにあるフラッシュについての説明をいくつか引用します。「2人（医師と患者）のこころが互いにかちっとかみ合っているという同一の体験を持つこと」（マイケル・バリント）、「患者にとって重要ななにかを、医師と患者の双方が、自発的に気づくこと」（ギル）、「医師と患者間の相互の直観的な統覚や認知、あるいは医師と患者の両者が共有している重要な理解への気づき」「特異的な環境や雰囲気を創り出す出来事」（クリン）。フラッシュが面接プロセスで生じる出来事であることは間違いなさそうですが、それを技法と呼んでもよいのでしょうか？　私たちはフラッシュを意識的に出現させることもコントロールすることもできません。フラッシュが生じるよう治療状況を整えることができるだけです。イーニッド・バリント自身も「セミナーでは、フラッシュを1つの技法として記述すべきか否かということについて、夥しい意見が飛び交っている」と述べています。しかし、技法と呼べるかどうかは別として、フラッシュは短時間心理療法の意義を考えるうえで検討に値する事象です。

私自身は、フラッシュ概念と似ていますが、少々異なる考えを持っています。それを述べることで考察にかえたいと思います。フラッシュは要するに治療的展開をもたらす瞬間のことを指しています。すでに日常臨床をテーマとした編著（2017）のなかで論じた事例を再録し、一般外来のなかで展開をもたらした瞬間について記述し、その意味合いについて論じるとともに、フラッシュの意義を批判的に検討したいと思います。

(1) 事　例

事例は成人女性です。

彼女は就職し入社した直後に、多数の死傷者を出した大事故に巻き込まれました。検査のため数週間入院しましたが、幸い身体的な異常は認められませんでした。まもなく彼女は復職したのですが、同期入社の同僚と比べて、仕事を覚えることが遅れているという気持ちを抱き、数ヵ月後に退職となりました。退職後、典型的なＰＴＳＤ症状と抑うつ症状を呈するようになりました。彼女は薬物療法に抵抗があったため、精神科を受診せず、症状を抱えながらほかの仕事に就きました。彼女が精神科を訪れたとき、すでに事故から数年の月日が経過していました。

彼女は会社員の父親と専業主婦の母親のあいだに生まれ、同胞として兄がひとりいました。彼女は幼小児期から活発で、友人とも長期の安定した関係を築くことができていました。幼児期から大学まで学校への適応は良好だったようです。彼女が大学在学中に兄が自殺しました。彼女は兄をたいへん好きだったこともあり、兄の死は「こんなつらいことはもうないだろう」と思ったほどの出来事でした。

その後、彼女は徐々に落ち着きを取り戻し、人生に希望を抱いて就職しました。そのような状況で事故に巻き込まれたのでした。

彼女への治療的アプローチとしては精神科主治医による薬物療法、マネジメント、心理教育的サポート、そして臨床心理士による支持的心理療法の組み合わせが選択されました。治療の経過のなかで、症状は一進一退を繰り返しました。精神科での治療開始1年半頃に、主治医が都合により病院を辞めました。そのため、私が彼女の主治医となりました。

私と彼女が初めて顔を合わせたとき、彼女のPTSD症状はかなり悪化していました。また、抑うつ症状や不安も著明で、日常生活にも支障をきたしていました。彼女は「この1カ月調子が悪い」と語るとともに、恋人との関係における葛藤も語りました。その恋人は同じ事故に巻き込まれた人で、事故を通して知り合ったということでした。恋人は、特別PTSD症状を呈することもなく、すでに人生についても前向きになっていました。それゆえ、彼は、依然としてPTSD症状を呈している彼女とのあいだのギャップを抱えることができないようでした。私は入院についても考慮しましたが、まず、今後の方針を決めるために十分なアセスメントが必要と考え、彼女に再度のアセスメント面接を提案しました。

2週間後、30分ほど時間を確保しあらためてアセスメント面接を行いました。現病歴、家族歴、生活史について詳細に聴取しました。兄の自殺をめぐる家族の葛藤についても彼女はいささか語りました。私は彼女の連想内容から、彼女のPTSD症状や抑うつ症状、不安の背後に、兄の死という対象喪失に対する喪の作業が十分になされていないという心的事態があると見立てました。

私はアセスメントの材料とするため、試みに介入を行いました。私は彼女に「あなたはお兄さんのことがとても好きだったのですね」と伝えました。彼女は考え込むように、かなり長いあいだ沈黙しました。そして、彼女は、恋人の名前と兄の名前が同じであるとぽつりともらしました。私たちは次回治療方針について話し合うことにしてアセスメント面接を終了しました。

次の回、彼女の症状は著明な改善を示していました。ＰＴＳＤ症状、抑うつ症状、不安は消失していました。症状に改善が認められたこともあり、しばらくは一般外来の枠組みで様子を見るという方針をとることで合意しました。その後、彼女がＰＴＳＤ症状や抑うつ症状を呈することはありませんでした。また、恋人との関係も安定し、以前よりゆとりをもって社会生活を営むことが可能となりました。症状の改善が認められて1年後に治療は終結しました。

この事例には後日談があります。治療終結後、数年して彼女は再来しました。彼女が仕事で電車に乗っていたときに、大地震が起こり、電車に長時間閉じ込められるという事件が起こったのです。そのため、彼女は不安を感じ、再来したのでした。今回再来するまでのあいだ、彼女の症状の再燃は認められませんでした。そして、再来した時点でも、今後の症状の再燃の心配をしているだけで、症状が再燃していたわけではありませんでした。私は、彼女の話を聞き、様子を見ながら、彼女は十分に自分の不安を抱えることができるだろうという印象を持ちました。そして、私は、彼女に「あなたの不安は一時的なもので、まもなく落ち着いてくると思います。とくに治療等は必要ないでしょう」と伝えました。彼女は、自分もそう思うが、念のため来ましたと語りました。それが彼女との最後の面接でした。

(2) 事例の考察

この事例ではアセスメント面接が劇的な展開を生んでいます。その直前まで症状は重く、入院が検討されたほどでした。アセスメント面接後に、すべての症状が消失しました。しかも、たまたま得られたフォローアップの機会により、その改善は数年間に渡り維持されていたことが判明しています。私はなにか臨床的に意味があることをしたのでしょう。しかし、私がしたことは基本的には通常のアセスメント面接であり、同様のことは前医や前セラピスト（臨床心理士）も治療初期に行っていたはずです。そうした事情とアセスメント面接のプロセスを考えあわせますと、私が「あなたはお兄さんのことがとても好きだったのですね」と伝えたことが展開を生んだと考えてよさそうです。

この介入は精神分析でいうところの解釈ではありません。精神分析のセントラルドグマは「無意識の意識化」です。そして精神分析が主として扱う素材はセラピストやセラピー状況に転移された無意識的素材です。要するに、転移解釈こそが精神分析臨床の特権的技法であり、王道であります。これは、隠されている無意識的なものが情緒を伴い発見されると、患者のこころに変化がもたらされるという発見モデルです。しかし、私が伝えた内容は、無意識的な素材ではまったくありませんでした。彼女は、アセスメント面接のなかで、兄が好きであったと語っています。さらに、私の介入は転移をまったく扱っていません。彼女の兄への意識的な気持ちを言葉にしただけです。

彼女は、自分が兄を好きだったことを重々承知していました。彼女に衝撃をもたらしたのは、その事実そのものではなく、アセスメント面接のあの局面で私という他者が彼女にそのことを伝えたという事実でした。

私は、なにか変化を起こそうという意思もなく、なにか変化が起こるだろうという期待もなく、はっきりいえば、特別治療的な意図がなく、アセスメントの素材にする程度の気持ちで伝えました。ほかの介入でもよかったはずですが、私はこの内容を選びました。そこには知的なプロセスが介在しておらず、ただ直観に従っただけです。この介入は、アセスメント面接のなかのある状況から自然発生的に生成したものです。彼女が私の介入を生み出したのではなく、もちろん、私が私の介入を生み出したわけでもありません。彼女と私のあいだからあの介入が創造されたのです。そして、その結果、彼女のこころに変化が生じ、その改善は持続的なものとなりました。

さて、ここで生成した事態は「フラッシュ」なのでしょうか？「フラッシュ」はバリントらによると、治療者と患者のこころがかみ合っていることです。そのためには治療者の同一化や同調の能力が必要とされます。さらに、そこには認知的プロセスが含まれていることが特徴のように思われます。この介入やそれが生み出した状況に思いを巡らせても、私はそこに同一化や同調、そして認知的プロセスが関与しているという実感を持てません。もちろん、私と彼女のあいだでこころの交流が起こっているようです。そこには同一化や同調という側面も含まれているかもしれませんが、私にはそうした側面よりも他者性が際立っているように思います。つまり、私という他者が彼女にあのように伝えたことにより、彼女のこころが動いたのではないでしょうか。彼女の想いがセラピストに伝わったという感触が重要なのではなく、他者が彼女のこころに触れたという事実が重要なのだと私は考えます。

私はこのような事態を「美的体験」と呼び、その影響を及ぼす力を「美的衝撃」と呼んでいます。それが創造的プロセスであることから「美的」という用語を使用しています。詳しくは私の論考（2017）をご参照ください。本論では、「フラッシュ」概念を検討するために、あえて私の考える「美的体験」や「美的衝撃」との違いに焦点を当てました。しかし、それは概念化における差異に過ぎず、臨床現象としては同じものを指していると思われます。バリントらは認知的側面を重視し、私は体験そのものを重視しているだけかもしれません。

6　おわりに

「フラッシュ」技法は短時間面接という特定の臨床状況における技法として生まれました。「フラッシュ」（私の言葉では「美的体験」）は短時間面接で特異的に起こる変化への動きなのか、通常の長時間面接（45分から50分）でも同じことが起こるのか、あるいはまったく異なるプロセスなのかについて、現時点では確たることはいえません。ただ、長時間・高頻度面接の枠組みが臨床プロセスに与える影響と短時間・低頻度面接の枠組みが臨床プロセスに与える影響は確実に異なります。どちらがよりすぐれているということではなく、その違いを前提によい臨床を患者に提供することがセラピストの役目でしょう。そのためにも、バリントらの「フラッシュ技法」は十分に検討する価値があるテーマです。

第3章　短時間・低頻度設定における臨床的工夫

上田勝久

1　はじめに

これまでの臨床経験のなかで、私自身は週1回50分の心理療法をベースに、週2回、3回という比較的高頻度の設定から、2週に1回50分ないしは30分、あるいは1カ月に1回や数カ月に1回のコンサルテーション風の面接まで、さまざまな形態での面接に取り組んできました。ゆえに本書のテーマである時間と頻度の問題は、私にとってはある種のスペクトラムのなかで捉えられる問題となっています。短時間・低頻度設定における臨床的工夫という主題は、週1回50分の心理療法やより高頻度設定の心理療法との対比において考えられるものなのです。

そこで、まずは週1回50分という枠組みの特性を再考し、時間と頻度について考えるための基本的な視座を抽出してみようと思います。そこから高頻度設定の特性について検討し、それとの対比のなかで短時間・低頻度設定における臨床的工夫について考えてみたいと思います。

2　週1回50分の心理療法について

これまで日本の心理療法が「週1回50分」という枠組みをベーシックなスタイルとして採用してきたことについては異論のないところでしょう。

ところが、では、なぜ週2回や2週に1回ではなく「週1回」なのか、なぜ30分や90分ではなく「50分」なのかと問われると、ほとんどの人が途端に確定的なことをいえなくなるのではないでしょうか。私もそうです。このことに真正面から取り組んだ文献もほとんど見当たりません。ですので、以下の論考はあくまで私的な経験を頼りにしたパーソナルな思索になることをあらかじめ断っておきたいと思います。

「週1回50分」という枠組みは私たちの社会的・文化的慣習と関連している可能性があります。私たちの生活サイクルの大部分は「1週間」という単位に依拠しています。多くの人が月曜日に仕事や学校をスタートさせ、金曜日や土曜日にそれを終わらせ、週末の休みに入っていきます。時間に関しても同様です。小中高等学校の授業は1回につきおよそ50分ですし、やはり習い事やテレビ番組もその多くが50分から60分の時間枠となっています。趣味の習い事や大学の講義、テレビドラマなども基本的には1週間単位でまわっています。

この週1回50分という枠組みが定着してきた理由として、こうした慣習的な時間サイクルの影響があったとすれば、それは納得できる話だと感じます。心理療法という特殊な営みを啓蒙するうえで、このサイクルは市民感覚にマッチしていたように思えるからです。

とはいえ、一方でこのスタイルはいくぶん不思議なものでもあります。

たとえば、風邪をひいて内科にかかるときや歯科治療などに関しては、最初のほうは初診から3日後ぐらいに来てもらうなどあまり間隔をあけずに来院してもらい、治療にある程度の目途が立ってきたところで来院期間をあけていくような形をとっています。生体の異常を平常に戻すという観点からすれば、最初はインテンシヴに治療を供給し、緊急度が下がれば頻度も下げていくという発想は自然なものです。極端な話、治るまで毎日治療を行うという発想もあるはずです。

仮に休日以外の毎日セッションにすれば、1カ月で約20回のセッションをもつことができ、20回分の専門的なかかわりが供給されることになりますが、心理療法においてはそのようなスタイルが採用されることはまずありません。自殺のリスクが高かったり、虐待やDV事例のように生活面での危機が迫っていたり、急性期状態に陥っているケースでない限りは、インテンシヴな面接が取り持たれることはほぼないように思います（そもそも、こうした緊急度の高いケースに関しては心理療法自体が導入されない場合がほとんどです）。短期的な解決を目指すブリーフセラピーですら、週1回の枠組みを採用しているようです。3回で問題解決の目途が立ったとしても、それは3日ではなく3週間を意味します。この週1回という枠組みは、そもそもからしてユーザーと一定の時間をかけて会うことを前提とした発想となっています。この設定自体にすでに「この営みがターゲットにする困難や病は、一気に介入して、一気に解決しようとするものではなく、習い事のようにじっくりと取り組んでいくものである」というメッセージが込められています。

週1回50分という枠組みにおいては、ユーザーは週1回の専門的介入がなされたあと、残りの6日間をセッションなしで過ごすことになります。ここには藤山（2012）がいうように供給と剥奪のリズムがあります。1：6の比率が反復されます。心理療法の頻度の問題は基本的にはこの比率において考えられるものです。精神分析における毎日分析は6：1ないしは5：2となりますし、2週に1回の設定は1：13の比率となります。

多くの心理療法に関する論考は前者の数値、すなわち1：6の「1」の内実に焦点を当てています。介入の効果や意味合いなどが主な検討事項とされ、後者の「6」のほうは「1」のための素材の位置にとどめられています。介入に対する効果がこれだけ検討されているならば、毎日セッションという発想が出てきてもおかしくなさそうですが、実際には後者の（セッション間のインターバルとなる）「6」も含んだ形でセットアップされます。それはなぜなのでしょうか。

いくつかの理由が考えられますが、ひとつはスケジュールの調整がしやすいという現実的な事情です。ユーザーの生活事情や支援者側の業務の都合を鑑みると、週1回50分という枠組みは双方にとって使い勝手のよいタイムスケジュールになっています。フロイトのように毎日分析を導入してしまうと、ひとりの臨床家につきおよそ8人程度しか会えませんが、週1回の頻度にすると、場合によっては20人から30人以上のユーザーに心理療法を供給することができます。そして、ユーザー側も学校や仕事に対して毎日時間の都合をつけなくてもすみます。

私自身はこうした現実的な事情こそが週1回設定の最大の理由だと考えますが、ほかにも理由はありそうです。たとえば、この「6日間」というインターバルをあえて設定することが、むしろセラピューティックな意義をもつという考えです。

心理療法に持ち込まれる課題の多くはユーザーの実生活での解消を求められています。ですので、セッション内で問題解決のための方策を打ち立て、それを残りの6日間で実行してもらい、次セッションでその成否について話し合う（そして、うまくいかなければその理由について話し合い、新たな方策を検討していく）というスタイルは理に適っているといえそうです。セッション内で種を仕込み、実生活のなかでそれがうまく芽吹くかどうかを試していくイメージです。認知行動療法はまさにこの種のデザインで遂行されているわけですが、分析的・力動的心理療法を専門とする人ならば、この6日間を「セッションの日に仕込んだものがユーザーの内側で熟成する期間」と表現するのかもしれません。ただ、このような理解モデルは週1回設定に対する説明としては少し弱いような気もします。別に3日おきでもよいように思えるからです。

逆に、もしかするとここには心理療法がもたらす侵襲性の問題が考慮されている可能性もあるのかもしれません。6：1や5：2設定のように、休日以外の毎日セッションを導入した場合、たとえそれが1日1時間足らずのものであったとしても、ユーザーの生活はセッションを中心に構造化されていくことになります。私たちが日々の生活を学校や職場などの毎日通う場所に合わせて構造化していくのと同じ理屈です。頻度が上がれば上がるほど、セッションが主となり、生活が従となります。そして、その心理療法が快適な時間であるにせよ、自身の困難に向き合わざるをえないつらい時間であるにせよ、その個人にとってセッションは大きな拠り所となっていきます。学校でも仕事でもそうですが、毎日に近い頻度でどこかに通っているとき、私たちはその通っている場所と完全に切り離された形で自分を思い描くことが困難となります。ここでいう拠り所とはそのような意味での拠り所です。

この侵襲性の問題はとても大切な観点だと思います。週1回という頻度は心理療法を日常化することなく、ある種の習い事のようにあくまで特殊な営みの範囲にとどめる形態になっています。これはとても無難な方策であると思います。心理療法がユーザーの生活に影響を及ぼすのは当然ですし、そもそも私たちのねらいはそこにあるわけですが、それがユーザーの日常を構成する主軸となってしまうことについては慎重を期すべきです。

というのも、そこには依存の問題がはらまれてくるからです。カルト宗教などはその個人の日常をその宗教色に染め上げ、その教えを拠り所にすることを求めます。依存の問題は心理療法の頻度について考える際の鍵となっているように思われます。

翻って、この1：6という比率は自然にそのユーザーの自助能力をあてにした設定になっているともいえそうです。この設定には、セッションのない6日のあいだ、ユーザーがいかに有機的に機能できるかという問いが内包されています。すると、セッションはいまだ十分に活用されていないユーザーの自助能力を解放する契機として位置づけられることになります。週1回50分という設定には、その個人に対して外側からなにかを植えつけて変化をもたらすというよりも、その個人の自助能力の解放と開花をじっくりと成し遂げることで問題を解決していくというねらいが込められているようです。日本でクライエント中心療法が長らくメインストリームとなっていたのは、もしかすると週1回設定がオーソドックスなスタイルになっていたことと無関係ではないのかもしれません。

ユーザーの日常生活を大幅に侵食することなく、その一方で（テレビドラマのように）一定の連続性の感覚をもたらしながら事に臨んでいくことができるという意味で、週1回50分という設定は絶妙なバランスを保った設定といえるのかもしれません。

3　高頻度設定の特性と50分であることの意義

次に高頻度設定の特性について考えてみましょう。

先にその営為が拠り所になることの悪しき例としてカルト宗教を挙げてしまったのでとても論じにくくなったきらいがありますが、精神分析や精神分析的心理療法などは実際に毎日に近い頻度で行われています。国際的には、精神分析家によって週4日以上取り持たれる営みを精神分析と規定しています。

精神分析が毎日に近い頻度で行われているのはフロイトがそうしていたからであり、週1回と比べて毎日分析のほうがよいと判断されてのことではありません。しかし、頻度が上がれば上がるほど、分析的なワークがねらいとすることに取り組みやすくなるのはたしかです。

これらの営みが目指すのは、そのユーザーのこころの内奥、つまりは無意識の探索であり、そのなかで内的・外的世界を内省していく方法を習得することです。「知ること」を軸に自身を取り巻くさまざまな問題に対応していこうとします。そのためにユーザーが行うことは自由連想であり、セラピストはそこでつかんだ理解を解釈します。こうして理解を蓄積していきます。

しかし、ときに自由連想が停滞することがあります。語ることへの抵抗が生じているわけですが、フロイトはこの局面に転移の生成を認めました。ユーザーがセラピストをセラピストとして見ているのではなく、彼らのこころに棲まう誰かやなにかのようにセラピストを体験しているがゆえに、語ることが阻害されていると考えたのです。

このように、当初転移は自由連想に対する抵抗として位置づけられていましたが、次第にこの転移の理解こそがこころの探索に寄与すると考えられるようになりました。今日では多くの分析的な営みがユーザーとセラピストの関係性に着目しています。この営みは自由連想と解釈によるやりとりの底に蠢く関係性のありようを察知していくものとなったのです。

そして、高頻度設定はこうした理解モデルに貢献しています。というのも、ユーザーの日常生活に対するセッションの比率が高まるほど、連想内容は自然に日常生活での体験よりも、昨日の、もしくは直近のセッション内容に則したものが多くなるからです。おのずとユーザーがセラピストやこの時間をどのように体験しているのかが話題の焦点となります。私たちが昨日のセッションでユーザーの話を十分に聞けなかったと感じていたら、ユーザーから「夫は自分のことばかり考えていて、私の話をわかろうとしない」という連想が提示されたりします。するとセラピストはその人のなかの「対象は自分のことをわかろうとしない（そして、その不満を直接相手に伝えることができない)」という対象関係の様相についてわが身を通じて実感することになります。

このことはユーザーの日常生活での出来事がセラピストやセッションに集約されていく動きを示しています。心理療法には「ユーザーの日常生活をセッション内に集約していく動き」と「セッション内で生成されたものを日常生活に還元していく動き」の二種の動きがありますが、精神分析や精神分析的心理療法は技法的には前者の動きを重視します。ユーザーの神経症的傾向がセラピー関係のなかに持ち込まれ、セラピストとの関係性のなかでそれをワークしていく「転移神経症」という概念はその代表例です。

日常生活がセッションに集約し、セッションを中心に生活が構造化されていけばいくほど、ユーザーにとってセッションはより大きな拠り所となっていきます。すると先に挙げた依存の問題が頭をもたげてきますが、むしろこの療法は設定が自然に作り出す依存や退行を引き受けることを治療機序のひとつとしています。ポイントは「自然に」という点です。これはセラピストがユーザーを「意図的」に依存させることとは異なります。もちろん、この設定を導入すること自体に「意図」が込められているともいえるのですが、その点はアセスメントや契約を重視する(この営為に入っていくことが本当に適切かどうかを慎重に吟味する)ことでカバーしてきました。いずれにせよ、ここで大切なことは「設定が自然に生み出す作用を引き受けていく」という視点です。

また、このような手法においては「50分」という時間枠も功を奏します。50分という時間配分の場合、あらかじめ準備していた話題を超えて「自分でも思ってもいなかった語り」が、すなわち主体の意図やコントロールを超えた語りが展開されやすくなるからです。こころの内奥の大半は主体が意識しえない無意識の領域ですので、その探求を目的とする限り、こうした未知の語りは歓迎すべきことです。このことは当然その個人を大きく揺さぶり、依存と退行をさらに助長させますが、その揺れや依存は頻度の高さによって支えられることになります。ユーザーとセラピストをひどく動揺させる気づきが生じても、翌日また会えることの安心感はとても心強いものです。あるいはむしろ「翌日会える」という構造的な信頼が、さまざまな気づきを自由に浮上させる動因となっている可能性もあります。高頻度設定はそのユーザーの揺れと依存を喚起すると同時にそれを支える器にもなっているのです。

そして、短時間・低頻度設定の場合は、その支える器としての力がより脆弱なものとなります。短時間・低頻度設定における臨床的工夫はその器としての脆弱さを踏まえて考えられる必要があります。

4 短時間・低頻度設定における臨床的工夫

いよいよ短時間・低頻度設定における臨床的工夫について検討していきますが、ここでは「短時間」を「30分」、「低頻度」を「2週に1回」と定義づけておきたいと思います。

3週に1回や1カ月に1回も「低頻度」となりますが、私の経験から、セッションがレギュラリーに持たれていること、すなわちセッションの連続性を活かすことのできるギリギリの枠組みは2週に1回（1：13）の枠組みであり、それ以上となると連続性の感覚はあったとしても、それを私たちのほうがセラピューティックな形で活かしていくことが著しく困難になると感じられるからです。ちなみに、私の感覚では、1ヵ月に1回ペースで可能なことはコンサルテーションや心理教育的なガイダンスであり、そこでは私たちの専門的な知見や情報をいかにユーザーに役立つ形で伝達できるかが問われます。

さて、短時間・低頻度設定での鍵となるのはやはり分離期間の長さです。このことは支える器としての脆弱さを意味すると同時に、ユーザーの日常生活への侵襲性の低さを示しています。いずれにせよ、短時間・低頻度設定の場合、彼らの自助能力をいかに引き出し、いかにユーザー自身がみずからの能力を駆使して問題に対処していけるかが問われることになります。裏を返せば、依存を助長するような介入やユーザーを大きく揺さぶるような介入を極力避ける必要があります。「無意識の意識化」のような、思いがけない地点からの気づきを促すのではなく、なるべくユーザーのなかにすでにある気づきや思考をうまく活かしていきながら事を進めていく姿勢が求められます。「無意識の意識化」よりも、「前意識の意識化」ぐらいの発想がほどよいように思います。

そのためには自由連想風のやり方ではなく、ユーザーの語りをセッションのたびに構造化していく必要があります。そのセッションの目標をつねに明確にし、話題を限局化し（拡張よりも収束を目指し）、問題に対する対処法を練り上げるように進めることが定石となります。セッションを「問題に対する対処法の練り上げをともに考案する場」と位置づけ、セッション外のユーザーの生活を「その対処法の成否を確認する場」として捉えるようにします。そして、次セッションは「その成否をふたりで確認し、うまくいっているならばそれを続け、うまくいかなかった場合にはその要因を分析し、新たな対処法案を練り上げる場」として活用していくのです。

具体的に記してみましょう。

まず、初回面接でユーザーの主訴とニーズを聞くわけですが、このときに最初から2週に1回30分枠しかとれないことがわかっているときには、私の場合は分析的・探索的な心理療法を支援方針の選択肢から外し、上述したような「問題に対する具体的な対処法の獲得」を目指すようにします。理由はその器としての脆弱さゆえに、私自身が分析的セラピストとして十分に機能しえない可能性が高いからです。重なり合う時間の乏しさから、ユーザーと私とのあいだで生じている事柄をセンシティヴに理解することが難しくなるからです。つまり、私側の能力的な事情ゆえです。ですので、そのユーザーのニーズや必要な支援が分析的な心理療法だと判断された場合は、それが可能な機関へのリファーを検討します。

ここでいう「具体的な対処法」とは、当然ながらそのユーザーが実行可能な対処法のことです。実行可能な対処法案を練り上げるには、主訴の中身をより具体的なものにしていく必要があります。これが2週に1回の面接における要諦です。そのためのコツは「総論を各論に変えていく」ことです。

たとえば「対人不安」や「対人関係がうまくとれない」といった主訴はいかにも総論的です。むろん、ユーザーはこれまでの自身の歴史を総括してこうした主訴を提示しており、さまざまな人への「対人不安」やさまざまな人との「対人関係のうまくいかなさ」を体験してきたゆえにこのような表現になっているわけですが、このままでは実行可能な対処法の獲得にはいたりません。

ターゲットがあまりにも大きすぎるからです。そこで主訴を限局化し、「各論」へと変形していきます。そのような課題を抱えるなかで、とくに今誰に対する不安を解消し、誰との関係がうまくいけばよいのかといった形で対象を特定していくようなやり方や、あるいは「抑うつ感がある」「無気力な状態を解消したい」というときに、その状態によってとくに困ることになる日常場面を特定し、まずはその特定の場面での対処法を考えていくようなやり方などもその一例です。

さらに述べておくと、このとき練り上げる対処法案は「ある問題がなくなる」というような否定形の形にするのではなく、「〜をする」のような実行動と結びつく形にすると実行可能な対処法の構築に寄与します。「洗浄強迫の消失」ではなく「洗浄強迫への衝動をとりあえず10分我慢する」、「パニック発作に陥らないようにする」ではなく「パニック発作の予兆をつかみ、自分が落ち着ける手続きをイメージ学習し、それが実際に去来したときにはそれを遂行できるようにする」といった具合にです（上田，2018）。そして、セッション外の残りの13日間にこの対処法を実験してもらい、その成否を見ていきます。また、このときにとくに注目すべき点は、その実験がうまくいったにせよ、失敗したにせよ、その対処法を試してみたことで生じるユーザー側の認識の変化です。この認識の変化の検討が次なる対処法案の策定に寄与します。以降は対処法案の生成と検証を繰り返しながら、問題の解決を図ることになります。

低頻度設定の場合、できれば初回面接で最初の対処法案の構築にまで事を進めたいところです。というのも、初回のセッションが終わったあとに13日もの分離が待っているからです。また、主訴の具体化、実行可能な対処法の練り上げ、その妥当性の検証という一連の手続きをできるだけスピーディに行うことで、ユーザーがこの支援の意図を実感しやすくなります。この心理療法がなんのために、どのような意図をもって行われているのか、なんのためにセラピストがそうした理解を提示し、その介入の意図はなんなのか、といった諸々の事柄がユーザーのなかでクリアになれば、ユーザー自身がこの心理療法を自分なりにより使用しやすくなるはずです。

低頻度設定においては、なるべく早い段階で心理療法という営為をユーザー自身が「自分なりに使用できる」ようになることが肝要です。心理療法を「受ける」という感覚ではなく、「使用する」という能動的なニュアンスです。このことは「依存の低減」と「自助能力の開花」という目的に適っていると思われます。

5　対処法案を練り上げるときのコツ

認知行動療法におけるさまざまな介入スキルには、上述した対処法案を練り上げるための知恵が詰まっています。ソリューションフォーカストにおけるコーピングクエスチョンやミラクルクエスチョンなども、対処法を構築する際のすぐれた手続きとなっています。

私が思うに、これらのスキルには、現況にのまれている自分を一時的に「外」に出す作用が含まれています。人はある状況にのまれているときには、その状況そのものについて考えることができません。視点を一度「外」に出さなければ、状況を対象化しえないからです。その状況から距離をおいた俯瞰的な視座を要するからです。いわゆるメタ認知と呼ばれる機能です。認知行動療法におけるワークシートや認知再構成法はまさにこの種の視座の獲得に寄与していますし、ミラクルクエスチョンは視座を未来におくことで、現況をその地点から眺める技法となっています。

このような機能はあらゆる心理療法に共通する機序ですが、短時間・低頻度設定の場合はよりユーザー自身が運用しやすいオーダーメイドな対処法案をできるだけ早く作り出す必要があります。その際に有効なのが、神田橋（1997）がいうような、主訴のなかに対処法案の芽を見出そうとする視点です。

たとえば、「対人関係がうまくいかず、ひきこもった」という主訴が提示されたとき、この「ひきこもる」という行為が「対人関係がうまくいかない」ことに対するそのユーザーなりの対処法になっています。対人関係の困難に対してリストカットをするでもなく、身近な人に憤りをぶつけるでもなく、過食するでもなく、性化行動に走るでもなく、「ひきこもる」という反応を示したことにそのユーザーらしさが込められています。そこにそのユーザーらしい自然な防御反応が示されています。この苦痛に対する自然な反応を活用していくのがコツです。「ひきこもる」という自然な対処行動を自助機能の開花に援用していくのです。

そのためには、この「ひきこもり」の意味合いをさらに検討していく必要があります。同じ「ひきこもり」でも、ある人は外界からのあらゆる刺激の回避を目的としているのかもしれませんし、別のある人にとっては「本当は人と親密になりたいが、自分がかかわると相手が不快になる」という信念の結果となっているのかもしれません。また、他者の気持ちなど考えずにすむ、唯我独尊状態を保つための方策になっているのかもしれませんし、人に侵入される不安にもとづいた行動なのかもしれません。そうであるならば、人とかかわりながらも親密にならない、あくまで社交的な関係を維持する方法を検討してみてもよさそうですし、唯我独尊状態の維持を目的にしているならば、その状態を人との関係のなかでも角が立たない程度にやりくりする方法を考えたり、ほかにその想いをうまく満たせる場や方法がありそうかどうかを検討してみてもよさそうです。

いずれにせよ、鍵はそのユーザーのなかにある資質を用いて解決策や対処法を考えるというリサイクル的な発想にあります。まったくあずかり知らなかった新たな気づきや知識からもたらされる変化ではなく、もともとあるリソースを組み替えることで得られる変化を目指すということです。ブリーフセラピーのいうリフレーミングなどはまさにこの目的に適った技法となっています。

6　協働作業関係の維持

高頻度設定の心理療法、とくに精神分析や精神分析的心理療法では、ユーザーと支援者の関係性はめまぐるしく変化します。ユーザーにとってセラピストがとても頼りがいのある対象になることもあれば、逆に憎悪の対象になることもあります。ユーザーがセラピストをどのように体験するかはユーザーの自発的なこころの動きにまかされています。それは強固な構造が2人の関係を保障しているからです。

しかし、低頻度設定においては、セラピー関係の揺れ動きがなるべく小さいほうがよいと思われます。そもそもの関係の重なりの乏しさゆえです。できるだけ協働作業者としての位置づけが揺らぎにくいような工夫が必要とされます。これまで述べてきたことはそのための配慮でもあります。

ですが、それでもときに私たちに対する陰性感情（陰性転移）は生起します。短時間・低頻度設定の場合はそれをどれだけ素早く察知できるかが問われます。陰性感情が全面展開してしまえば、この枠組みでは十分に対応できないからです。

ただ、こと低頻度設定においては支援者に対するユーザーのネガティヴな想いが明確に語られることは少ないように思います。ですので、ユーザーが醸し出している態度や場の雰囲気などのノンバーバルな要素からそれを読み取っていく技能が求められます。

当然ながら、ユーザーの私たちに対する陰性感情のほとんどは私たちの言動や態度を通じて発生します。言動に注意すべきであるのはもちろんですが、意外に見逃しがちなのが態度のほうです。私たちのセラピストとしての根本的な治療姿勢に由来する陰性感情です。

たとえば、ロジャーズ流の姿勢を保っているセラピストには「話を聞いてくれるだけで、なにも有効なアドバイスをしてくれない」という形の陰性感情が向けられるかもしれませんし、精神分析的な臨床家には「解釈しかしない」「理解がズレている」という形になりやすいでしょうし、認知行動療法の場合は「セラピストにコントロールされている感じがある」という形になるかもしれません。短時間・低頻度設定の心理療法においては「解決を急ぎすぎていて、十分に話を聞いてくれない」といった形で表出されやすくなるのかもしれません。

このようなユーザーの反応にはたいていユーザーの歴史が関与しています。なにもしてくれない対象、勝手な理解を押しつけてくる対象、自分を支配してくる対象との関係の蓄積が反映されている可能性があります。ですが、短時間・低頻度設定の場合には、この種の歴史にまで踏み込むかどうかは慎重に検討すべきです。この枠組みがユーザーの歴史の重みに耐えられるかどうかを吟味する必要があります。

ちなみに私自身はユーザーの不満が垣間見えたときには、それを率直に取り上げ、その陰性感情を「心理療法の進行方法に対するユーザー側のまっとうな意見」と位置づけ、その進め方を再検討するための素材として活用するようにしています。私のほうから歴史的な事情へと踏み込むことはほとんどありません。ユーザーを「被分析者」にするのではなく、互いの主張を突き合わせながらイーブンな関係で事を進めていく「協働作業者」としての関係性を保つことが、やはり彼らの自助能力の発現に寄与することになると考えるからです。

7　おわりに

以上、短時間・低頻度設定（2週に1回30分）の心理療法における臨床的工夫について検討してきました。読者にとって少しでも役立つものになっているならばとてもうれしく思います。

ただ、私自身はこの設定を特別推奨したいとは思っていません。といって、やはり週1回50分での取り組みこそがベターだと考えているわけでもありません。

私が心理職としてもっとも望ましいと感じている状態は、ユーザーの主訴や臨床像やニーズに応じて、さまざまな設定を自由にかつ適切に選択できる状態です。本来、設定というものは私たちがその専門スキルを十全に発揮するための道具です。大工が目的に応じて道具を変えるように、私たちもユーザーに合わせて設定を自由に選択できる状態が望ましいはずです。

しかし、現実はそうではありません。一定数の心理職が職場の事情や雇用形態などによって、低頻度設定での心理療法の施行を余儀なくされています。そして、週1回50分をベースに進めてきた訓練の成果を十分に活かせぬまま、この脆弱な設定のなかで機能しえない苦しみを負っている人たちもいるようです。

そのような逼迫した状況下で、それでも機能しようともがき続ける同僚たちに本章が少しでも貢献できたならば幸いです。

II

多職種からの実践レポート

第4章　医師の立場から

細澤　仁

1　はじめに

私は臨床キャリアのある時点から30分面接を実践しはじめました。30分面接を実践したフィールドはそれぞれ異なりますし、導入した理由もさまざまです。本章では、30分カウンセリングの特徴を解説したいと思います。30分カウンセリングの探究はこれから始まるところなので、体系的に語るよりも、私の臨床個人史をベースに説明することにします。臨床実践を検討するうえで、その設定が導入された背景を理解しないと、その意義も理解できないだろうと考えるためです。

2　私的30分カウンセリング前史

私が精神科医になったばかりの頃、医師が専門的心理療法に触れる機会となる研究会、ワークショップ等は現在ほど多数存在していませんでした。そこで私は主として心理療法の書籍からカウンセリングの実践方法を学ぶことにしました。それらの書籍によると、カウンセリングの基本的設定は週1回45～50分とのことでした。ちなみに、医師になって2年目に触れた精神分析では週4～5回45～50分とされています。

私は、カウンセリングの時間設定とは、ともかく45～50分なのだと単純に信じました。そしてそのまま実践しました。研修医1年目は、病棟の入院患者のみを受け持ちます。私は長時間面接に耐えられる患者（耐えられない患者もいました）には毎回45～50分間のカウンセリングを行いました。牧歌的な時代だったこともあり、私は週7日（要するに毎日）病棟に行っていたので、私が心理療法（と呼ぶのも恥ずかしいレベルの代物ですが）を週7日45～50分行っていたのです。その結果は悲惨とまではいきませんが、それなりに混沌とした状況がもたらされました。

研修2年目は市中病院（総合病院）の精神科で引き続き診療に携わりました。そこでは入院だけではなく、外来も担当しました。外来では週2回45～50分、入院では週3回45～50分という設定でカウンセリングを行うことにしました。結果は読者のみなさんが想像する通りです。患者は退行し、事態は混沌としたものになりました。私は自分の技量の低さを痛感するとともに、途方に暮れました。外来で週2回会っていたある患者は、救急受診も頻繁で、その患者が受診すると、私は病院の宿舎に住んでいたこともあり、夜中だろうが早朝だろうが容赦なく内線が鳴りました。私はその患者と週5～6回は面接していました。私は救急の場でも40～50分面接を行っていました。

長時間・高頻度面接により患者は退行し、私と患者の関係、あるいは治療の場に混沌とした状況が生起しました。しかし、この混沌とした状況を抱えてなんとか生き残ると、患者が著明に改善するという出来事も体験しました。私はこの過程で、退行の持つ治療的意義を体感しましたが、一方で治療に及ぼす破壊的作用についても実感しました。

3年目から私は精神科病院に勤めることになりました。そこでも、カウンセリングを外来では週2回45分、入院では週3回45分という設定で行っていましたので、総合病院時代と同じような状況が生起しました。総合病院と異なり、救急で呼び出されることはありませんでしたが、外来受付時間に受診した予約外の患者に対しては臨時の面接を持っていました。その際も私は40～50分の面接を行っていました。結果は2年目と同様でした。

私はこの頃、このままでは患者の役に立つ臨床を実践できないと考え、ある精神分析臨床家からスーパーヴィジョンを受けることにしました。あるとき、私はスーパーヴァイザーに臨時の面接の場面を提示しました。すると、そのスーパーヴァイザーは、臨時の面接では患者に自由連想をさせてはいけないと私に助言したのです。私は臨時の面接であっても、患者の話をよく聞き、患者の気持ちを受けとめつつ、対応を考えることが大切だと考えていました。しかし、そのスーパーヴァイザーによると、臨時の面接はカウンセリングの設定への破壊行為であり、基本的に応じるべきではないということでした。スーパーヴァイザーの考えでは、患者に状況だけ簡単に尋ねて、それについての話し合いは次回の定期面接の際にするのがよいとのことでした。要するに、私の対応は退行促進的であり、それは患者に不利益をもたらすということです。私は、患者の気持ちを受けとめることは基本的によいことと素朴に考えていたのですが、それは間違いであるとのことでした。今から考えると当然至極のスーパーヴァイザーの指摘ですが、当時の私には衝撃でした。あれから20年以上経った今でも鮮明に覚えているほどです。私は受容や共感が大切と考えていたのですが、専門家の仕事はなにかということを考えさせられました。

私は退行を抑制するということの臨床的意義について考えはじめました。一方で、前述したように、2年目の臨床経験から、私は退行の治療的意義についても確信を持っていました。バリント（1968）は、退行を「良性の退行」と「悪性の退行」に二分し、前者に治療的意義を与えています。単純にいえば、「良性の退行」を許容し、「悪性の退行」を抑制すればよいのですが、それをどのように実現するかという点はかなりの難問です。

3　30分カウンセリング事始め

外来におけるカウンセリングでは、退行抑制という考えがこころの片隅に存在するようになったおかげで、患者の退行が破壊的な作用をもたらす機会はほんの少しですが減りました。しかし、入院におけるカウンセリングについては、状況はそれほど変わりませんでした。入院という設定そのものが退行促進的であるという事情もあります。先ほども述べましたが、私は入院患者に対して週3回45分という設定でカウンセリングを行っていました。私の2人目のスーパーヴァイザーも入院設定で長時間・高頻度面接を行っていた人であり、私のそのやり方自体には特別な指摘はありませんでした。しかし、たまたまあるセミナーで、のちに私の3人目のスーパーヴァイザーになる精神分析家に入院の事例を提示したところ、その人は私に、入院設定では30分以上の面接をしてはいけないと明言しました。入院環境において、長時間・高頻度面接を行うと退行が促進され、悪性の退行を現出させることがその理由でした。入院はあくまで危機介入であり、カウンセリングは外来設定で行うべきである、との考えでした。

私は、一方で、患者の退行がもたらす破壊的側面を十二分に体験していたので、その考えを受け入れつつも、他方で、退行の治療的意義に対する実感から、入院を危機介入と割り切ることができませんでした。もちろん、スーパーヴァイザーも入院というマネジメント自体が患者を抱えるという治療的機能を持つ、つまり入院治療そのものに心理療法的意義があるという理解なので、単純な危機介入という考えではありませんでした。入院治療自体に意義があるので、長時間・高頻度面接はむしろ、その意義を損なうということでした。スーパーヴァイザーは集団力動にも造詣が深いこともあり、長時間・高頻度面接の退行促進的機能だけではなく、入院環境という集団における治療者－患者カップルの濃密な関係が集団力動に及ぼす危険性についても考えていました。しかし、私はスーパーヴァイザーの意見をかなりの部分受け入れつつも、入院という環境であっても、治療者－患者関係において心理的プロセスが展開することが重要であるとの考えを放棄することはできませんでした。

そこで私はスーパーヴァイザーの意見も取り入れつつ、入院治療において私の考えを活かす方法を考えてみました。それが週３回30分という設定です。もちろん全入院患者に対してこの設定で面接を行ったわけではありません。退行が治療的意義を持つだろうと判断されるが、極度の退行（要するに悪性の退行）が出現するリスクの高い患者にこの設定でカウンセリングを提供しました。多くは境界性パーソナリティ障害の患者でした。

この設定にしてから、患者の退行はやや穏やかなものになりました。とはいっても破壊的な状況が治療関係や病棟にもたらされることがなくなったわけではありません。そもそも境界性パーソナリティ障害のカウンセリングに乗り出せば、どのような設定でも破壊的な状況は出現するものです。境界性パーソナリティ障害のこころのなかに存在する混乱が治療関係や病棟に投影され、それが現実化されるからです。病棟主治医が無構造の面接を行おうが、長時間・高頻度面接を行おうが、どちらにしても混沌とした状況が生起し、破壊的作用が現出します。むろん、そのような状況を完全に回避することも不可能ではないでしょう。しかし、そのような状況が出現しないとしたら、境界性パーソナリティ障害の患者のこころが取り扱われていないと考えてよいでしょう。破壊的状況の表れ方が少しでも穏やかになれば、それを心理療法的に取り扱える可能性が高くなります。私にとって、そのための設定が週３回30分という設定でした。週３回30分という設定は重篤な病理を有する患者の入院治療という面では有益だと考えます。

4 30分カウンセリングの展開

私の30分カウンセリングの出発点は入院設定における心理療法でした。次の展開は6年目からしばらく携わった大学の学生相談という設定において生じました。

学生相談は基本予約制であり、通常は1回50分という設定になることが多いようです。私が勤務した学生相談の場も、私が赴任する以前にはその設定でした。前任者のときから相談件数が増えてきてはいたものの、その設定は維持されていました。しかし、私が赴任すると相談件数は極度に増加しました。50分設定ですと、基本的に1日7枠となり、会議等の相談以外の業務の時間もありますので、週に30枠ほど確保できます。その枠が赴任して数カ月で完全に埋まってしまいました。50分という設定ではすべての学生の相談ニーズに応じることができないという現実状況が生起していました。

学生相談業界では、学生が学生相談につながっていることの意義が強調される傾向にあります。しかし、学生が学生相談に定期的に通うと、新規の学生相談を受けつけることができず、また、緊急事態への対応が困難（大学では緊急対応が必要な事態がかなり頻繁に生じます）になります。そのような状況におかれ、私は、学生相談は定期的につながる場として機能するより、必要に応じて利用できる場として機能するほうが有用であると考えるようにもなりました。言い換えれば、現実につながりを維持するのではなく、こころのなかでつながっておき、必要に応じて利用するという感覚です。そこで、私は、学生相談は基本初回1回（多くても数回）で終わりにするという臨床姿勢を持つようにしました。一期一会の精神です。そのためには最初の数分で学生のニーズを理解し、学生のこころのありようをある程度アセスメントする必要があります。このあたりは本章の論旨からは外れるので詳細に論じることはやめておきます。関心がある読者は私の学生相談をめぐる著書（細澤、2015）をお読みください。もちろん、定期的につながることが必要な学生にはそれを提供しました。

しかし、そのような姿勢をもってしても、面接の枠にはまったくあきが生じず、むしろ相談件数が増えていきました。そこで、私は面接時間を短縮するという方向に進みました。面接時間を3つに分けました。10分、30分、50分の3つです。10分という枠は基本的にかなり不安定で、かつ長時間の面接に耐えられない学生に対して提供されました。たとえば、危険な行動化を起こしやすい学生には週5日10分という短時間・高頻度面接を行いました。この設定で抱えられてなんとか卒業にこぎつけた学生が数人います。50分という枠は、私の専門である精神分析的心理療法を行うことが必要と判断された学生に対して提供されました。週2〜3回50分という長時間・高頻度設定となります。通常の学生相談の設定は1回30分です。サポートが必要な学生には毎週ないし隔週、それ以外の学生にはオンデマンドとなります。

(1) 学生相談の事例

彼女が最初に学生相談を訪れたのは、大学3年になったばかりの春でした。初回面接は50分という時間設定でした。彼女の訴えは、友人の女子学生との関係が悪くなっているというものでした。関係が悪くなったきっかけは、ある男子学生をめぐる三角関係でした。彼女の話の中心的テーマは、その男子学生への不信感のようでした。そのことに彼女はあまり自覚的ではなく、彼女の意識はその女子学生との関係の修復に集中していました。彼女は関係修復のためにできることはしたのですが、結果は思わしくありませんでした。面接の終了時間が迫ってきたあたりで、私は彼女に次のように伝えました。

「あなたと女子学生の関係修復に関しては、あなたはすでにできることをしているので、あとは相手次第でしょう。ところで、あなたは女子学生との関係修復について主として語りましたが、あなたが本当に苦しんでいるのは男子学生への不信感のような気がします」

するると、彼女は、何事かに想いをめぐらせている様子で、しばらく沈黙しました。そして、彼女は父親への不信感について少し連想しました。終了時に、彼女は今後どうしたらよいのだろうとつぶやきました。私は、今回のエピソードは、たまたま起こった事件ではなく、彼女の本質的な葛藤や不安の表れだろうと理解しましたが、彼女の健康度や対処能力を考えると、自分なりに考え、行動しながら成長できるだろうと判断し、継続的な心理療法を提案しませんでした。私は彼女に、「あなたが思うようにやってみて、また必要となったら相談に来てください」と伝えました。彼女はうなずき、しっかりとした足取りで退室しました。

彼女が再び現れたのは、大学4年の夏でした。2回目の面接は30分設定でした。このときの彼女の悩みは進路をめぐるものでした。彼女は、大学院進学か就職かで悩んでいました。面接のなかで、彼女は大学院進学と就職のそれぞれのメリット・デメリットについて語りました。私は、彼女がそこまでさまざまな観点から検討しているのであれば、ここで相談する必要はないのではないかと思いました。私は、今回、彼女がなぜ来所したのかということについて想いをめぐらせました。私は、彼女が前回、父親への不信感を口にしていたことを思い出しました。キャリアは父親に通じるなにかなのでしょう。彼女は自分のキャリアについて想いをめぐらせることで、父親との葛藤をワークしようとしていたのかもしれません。父親は、本来、母子関係を第三者に開く存在です。そして、それは社会への参加という意味合いもあります。つまり、父親は社会への橋渡し機能を持っているのです。このとき、私は彼女にとって、キャリアについて相談できる、つまり、社会に橋渡しするよい父親なのかもしれないと思いました。彼女は私に進路について助言を求めているのではなく、よい父親による是認を求めているのだろうと私は理解しました。私は、彼女に次のように伝えました。

「あなたは大学院進学と就職についてよく考えていると思います。そのうえで、あなたが下した決断であれば、それは正しい決断だと思います」

彼女は、ほっとしたようで、もう少し自分で考えてみますと語り、退室しました。

3度目に彼女が現れたのは、卒業間近の冬でした。この回も30分設定です。彼女は結局、就職の道を選んでいました。一流企業への就職が内定していました。今回の彼女の悩みは、世話になったある男性教員への不信感でした。私は彼女の話を聞きながら、初回面接時に語られた男性への不信というテーマが再び浮上してきたことに注目しました。詳細は省きますが、三角関係が反復されていました。２回目の面接時には、私は彼女のよい父親に是認されたいというニーズに応える対応をしました。しかし、それでは男性としての私＝父親に対する不信というテーマがワークされないままとなってしまったようです。その部分が私とのあいだで心理療法的に取り扱われていないので、彼女は卒業間近に来所したのだろうと私は理解しました。私は次のように伝えました。

「あなたは私にも不信感を持っているのでしょうね」

彼女は、そうかもしれないとつぶやきました。しかし、雰囲気はリラックスしたものになっていました。最後に、彼女は私に感謝の言葉を述べ、退室しました。

(2) 学生相談と30分カウンセリング

この事例の初回面接は50分ですが、２回目と３回目の面接は30分です。30分の面接ではクライエントが持ち込むさまざまな素材をよく味わい、その展開をじっくりと待つというわけにはいきません。30分で扱えるテーマは１つと考えてよいでしょう。30分のなかで、セラピストは焦点となるテーマを１つ選び、そのテーマが進展するようクライエントを援助する必要があります。そのテーマはクライエントにとって本質的な意義を持つものであると同時に、クライエントの現在の情況で切迫したものでなければなりません。扱うテーマを決めるとともに、その１回の面接のなかでそれなりに扱う必要があります。オンデマンドの設定では、できうる限りその１回のセッションで完結し、次回はしばらく先というのが理想です。

オンデマンド学生相談の適応となる学生はどのような学生なのでしょうか？　こころの健康度が高く、よい環境を周囲に持っていることが望ましいでしょう。オンデマンド学生相談では、学生がみずから語る以上の事柄について詳細に聴取しませんので、適応の判断はセラピストの経験に頼ることになります。端的にいうと、セラピストが目の前にいる学生がセラピストに頼らずとも独力で成長していけると信じることのできる学生はオンデマンド学生相談の適応ということになります。その信頼を持ちえない学生に対しては継続的なサポートをする必要があります。

オンデマンド学生相談の意義は、セラピストの面接枠を維持することだけではありません。この方法では、学生は退行やセラピストへの依存という事態と無縁でいられます。カウンセリングは決して副作用のない安全なものではありません。場合によっては劇薬となります。カウンセリングを受けることで病態をこじらせたクライエントはいくらでもいます。オンデマンド学生相談は、学生が比較的安全にセラピストと情緒的に接触し、変化の契機とすることができる設定です。ここではセラピストの能動性が要求されます。長期間に及ぶ長時間・高頻度カウンセリングでは、セラピストにはまず第一に受動性が求められます。その設定のなかで、クライエントの持ち込む素材が自然に展開するのを待つためです。オンデマンド学生相談の場合は、先ほどもいいましたが、そのセッションで取り上げるべきテーマを面接の前半で決定し、そのテーマが進展するように介入し、理想的には言語的に取り扱う必要があります。全面的な退行を抑制するという点で安全な技法ですが、そのぶん、素材を扱うことに難しさがあり、それなりの経験がセラピストに求められます。

私は学生相談に携わり、まずは現実的要請からオンデマンド学生相談という方法を実践しました。そのなかで、30分カウンセリングについての経験を深めていきました。それ以前の入院治療においては重篤な病理を持つ患者との30分カウンセリング、そして学生相談では比較的健康度の高い学生との30分カウンセリングを行いました。それぞれの環境にそなわる特徴から適応となる人の病態はだいぶ異なるという結果となっています。読者のみなさんにとって、精神科病院の入院治療も学生相談も少し特殊な状況かもしれません。このあと、精神科クリニックの一般外来という読者のみなさんにも比較的おなじみの状況における30分カウンセリングについて検討したいと思います。

5　現在の30分カウンセリング

私の現在の臨床の場は精神科クリニックです。一般外来が主となります。明確な設定はありませんが、面接時間は10分前後となります。一方でオフィスでは精神分析的心理療法を行っています。こちらは長時間・高頻度設定となります。30分カウンセリングは、両者の中間に位置する特殊な設定です。30分カウンセリングの頻度は隔週がほとんどで、毎週が少数存在します。30分カウンセリングの適応となる患者はどのような人たちなのでしょう？　ここで30分カウンセリングの特徴を整理しておきましょう。

30分カウンセリングの特徴は自由連想をするには時間が短いということです。伝統的カウンセリングの45～50分という時間はそれなりに意味があるのです。それだけの時間があるから、患者は沈黙を挟みつつ比較的自由に連想できるのです。つまり、45～50分という時間は患者にゆとりと余裕を与えるということです。そして、伝統的カウンセリングの頻度は比較的高いことが特徴です。長時間・高頻度という設定自体が患者を抱える機能を持ちます。抱えられた患者は当然のことながら多かれ少なかれ退行します。一方で、30分という設定では、患者は退行することが困難になります。すなわち、30分カウンセリングの第一の特徴は退行が抑制されることです。

30分カウンセリングは時間が短いこともあり、扱える素材の数には限りがあります。というよりも、扱う素材を積極的に限定する必要があります。さらに低頻度であれば、セッションの連続性を維持することが難しくなります。そのため、セラピストには、テーマの焦点づけやセッション間の連続性を持たせる介入が要請されます。したがって、伝統的カウンセリングでセラピストに求められる受動性は30分カウンセリングでは不適切です。セラピストは能動性を発揮する必要があります。すなわち、30分カウンセリングの第2の特徴は、セラピストの能動性のもとに、テーマが焦点化されるということになります。

30分カウンセリング、とくに低頻度の場合は、設定の抱える機能はそれほど高くありません。これが第3の特徴です。これは退行を抑制するという機能と表裏一体であり、欠点ともいえます。その欠点を補うため、セラピストには高度なマネジメント能力が要求されます。マネジメントを通して、患者に抱えを提供する必要があります。マネジメントは30分カウンセリングにとってきわめて重要なテーマですが、本章では十分に議論する余裕がありませんので、別の機会に取り上げたいと思います。

30分カウンセリングに向く患者は、退行をしたとしても最小限となることが望ましく、セラピストの能動性のもとでのテーマの焦点化という設定から利益を得られる人ということになります。一方で、セラピストには、セッションのなかではテーマの焦点化、セッションの内外で適切なマネジメント、と2つの能動性が要求されます。

ここまで30分カウンセリングの特徴を述べてきました。それでは30分カウンセリングにおいてなにが治療的転機をもたらすのでしょうか？　事例を挙げ、この点を検討したいと思います。

(1) 30分カウンセリングの事例

事例は成人女性です。彼女は私と出会う2年前から精神科で治療を受けていました。人間関係上のストレスから抑うつ症状、強迫症状、心身症症状が出現し、彼女は某精神科クリニックを受診しました。そこでは薬物療法が中心でした。薬は効果があり、一定の改善を得ていたのですが、薬物療法に限界を感じ、カウンセリングを求めて私の勤めている精神科クリニックを受診しました。初診時、数種類の向精神薬を服用していました。減薬については不安が強く、しばらく前医の処方を踏襲することにしました。

カウンセリングを希望していましたので、私はまず予備面接を導入しました。そこで彼女は両親について語りましたが、両親像はいずれもよいものとはいえませんでした。彼女の語りによると、父親は支配的で暴力的であり、母親は彼女に無関心という印象でした。父親のイメージや父親との関係は明瞭であり、また父親に対する恐怖や怒りも自覚的でしたが、母親のイメージや母親との関係は不明瞭であり、また母親に対する感情もはっきりしませんでした。同性の友人との関係は希薄でした。彼女には夫と娘がいました。夫との関係は良好なようですが、夫は理想化されており、やや依存的な関係を築いているようでした。娘との関係は葛藤的で、彼女は「娘を愛せない」と悩んでいました。子育てがひと段落ついた時点で彼女は就労しました。しかし、そこで対人関係上の問題が生じており、集団への適応がよいとはいえないようでした。

彼女が語る対人関係や社会適応は良好とはいえませんでした。私と出会うまでに破壊的な行動化はありませんでしたが、抑うつ症状、強迫症状、心身症症状が認められたこともあり、極度の退行が起こる可能性はあると評価しました。極度の退行が生起した場合は、彼女の家族関係に悪影響を与える危険性があると考えました。一方で、彼女は薬物療法に限界を感じ、カウンセリングを求めてきたこと、および私が予備面接でカウンセリングによって彼女は変わりうると直観したこと、この2点で心理的アプローチが望ましいと評価しました。そこで30分カウンセリングを導入しました。頻度は週1回としました。

カウンセリングが開始されて初回の面接ではいくつかのテーマが展開しました。以下列挙したいと思います。⑴ 他者と親密になれないという不安。⑵ 他者にネガティヴな評価を下される不安。⑶ 生活時間が高度に構造化されており、数分単位でもそれが崩れると不安になること。⑷ ⑶と関連していますが、さまざまなことがはっきり決まっていない状況が苦痛であること。私はすべてのテーマが転移のうえで展開していると感じました。しかし、まだ焦点化するテーマを決めるだけの素材が登場していないと感じ、焦点化する介入を行わず、全体としてカウンセリングを受ける不安として扱いました。彼女は「カウンセリングには不安はありません」と私の介入を否定しました。

2回目の面接では彼女の両親との関係および彼女の娘との関係がテーマとなりました。この回、まず彼女は自身の子育てについて連想を始めました。彼女は自分の父親のように娘に接し、ときに暴力的言動をとってしまうと言いました。自分はよい母親ではないと語りました。私は、子育てについて語る彼女が父親のことにしか言及しない点に焦点をあてました。すると、彼女は予備面接では語らなかった小児期の記憶を想起し、自分の気持ちを受けとめてくれない母親というテーマについて語りました。その後、連想は自身の子育てに戻り、自分は、娘に対して暴力的な言動をとるだけではなく、娘のこころを受けとめていないので、自分は悪い母親であると言いました。私は彼女が子育てにおいて父親と母親のあり方を取り入れていると理解し、父親の取り入れについては本人が自覚的である一方、母親の取り入れについてはそれほど自覚的ではない点に焦点づけることが適切と考えました。そこで、私は彼女に、「あなたは自分の母親を悪い母親だと思っているようですね」と伝えました。彼女は狼狽しました。彼女は否定し、現在もさまざまに世話になっていて感謝していると語りました。しかし、その後、自分は母親との関係から物理的・心理的にひきこもっていると連想しました。

3回目の面接では自分のネガティヴな想いを相手に伝えることができないということがテーマとなりました。この回、彼女はまずこのテーマに関連する素材を連想しました。その後、彼女は素顔に自信がないので、化粧をしないと外出できないと連想しました。私は、カウンセリングにおいて素の自分を晒す不安を指摘しましたが、彼女は否定しました。しかし、その後、ネガティヴな感情を伝えると報復される不安があるという連想が展開しました。転移のテーマが展開していたことは明らかですが、ここでは焦点づけの方向は転移のうえでのワークよりも、両親との関係に戻すことが適切と判断しました。そこで、私は「あなたは自分の怒りを表現したとき、それを受け入れられた経験がないのでしょうね。受け入れられるどころか報復されたのでしょうね」と伝えました。彼女は少し沈黙し、父親について連想しました。父親は子どもの泣き声が嫌いで、相手が幼児であっても猛烈に怒るとのことでした。そして、彼女は自分も幼児期の娘の泣き声に耐えることができなかったと当時の状況を想起しました。

4回目の面接では症状が出現した当時の状況が再構成されました。おそらく、テーマが焦点化されてきており、カウンセリングが次の段階に展開する準備が整ってきたのでしょう。

5回目のセッションが転回点となりました。彼女はあるエピソードを通して、初めて夫へのネガティヴな想いを連想しました。しかし、連想は夫にネガティヴな想いを抱くことに罪悪感があるという点に連なり、さらに他者が自分に対してネガティヴな想いを抱いているのではないかという不安について語られました。私は彼女に、彼女自身が自分のなかのネガティヴな想いを抱えることができず、それを周囲に投影しているのだろうという理解を伝えました。そしてその事態は、彼女が自分のネガティヴな想いを他者に受けとめてもらった経験を持てなかったことから生じているのだろうと伝えました。すると、彼女は、母親は自分のネガティヴな想いを受けとめてくれず、ネガティヴな想いを抱く彼女に批判的であったと語りました。この面接で、彼女は終始涙ぐんでいました。

6回目のセッションで、彼女は症状の著明な改善について報告しました。彼女は前回のセッションが契機となったと語りました。彼女は前医のクリニックで心理検査を受けていました。彼女によると、前回の面接で私が彼女に伝えた理解は、心理検査のフィードバックで臨床心理士から伝えられた内容と同じであったとのことでした。心理検査のフィードバックの際は、その理解は正しいとは思ったようでしたが、実感が持てなかったようです。今回は彼女にとって「腑に落ちる」体験となりました。その体験は言語で分節化できる体験ではないようでしたが、彼女は「なにかを体験したのは確実です。それは明かりが灯るような体験でした」と語りました。

このあとのセッションでも臨床的改善は維持されていました。彼女の連想は、生活が楽しく充実しており、両親とは心理的には距離をおきつつ、現実的関係を築き、そのほかの対人関係も以前より良好になっていて、仕事も順調ということが中心でした。全般的な不安が軽減したため、定期的に服用する薬を中止することができ、頓服でときどき服用するというところまで減薬できました。3カ月間30分カウンセリングの設定を維持し、その後はオンデマンド設定としました。

オンデマンドに移行して現在まで10年以上経っています。現在でも年に1～2回受診し、頓服薬を数錠ほど処方しています。ほとんど飲む機会はないようですが、「お守り」みたいなものとのことです。彼女の改善は維持されているので、この30分カウンセリングには臨床的意味があったようです。

(2) 事例の考察

この事例を素材として治療的転機について検討したいと思います。転機は6回目のセッションで私が彼女にある理解を伝えたことで生起しました。しかし、この理解はそれまでのセッションでも関連する内容が取り扱われていました。また、ほぼ同内容の理解が心理検査のフィードバックでもすでに伝えられていました。要するに、私が伝えた理解は、彼女にとって既知であり、意識的には十分承知していたものであったということです。理解の内容が転機をもたらしたわけではないことは明らかです。

結局、カウンセリングのあの局面で、私が彼女にあの理解を伝えたということ自体が転機をもたらしたと考えるほかありません。精神分析の主流派の教義では、転移解釈が変化をもたらすとなっていますが、私の介入は転移解釈ではありません。しかし、転移状況が切迫していたことは事実でしょう。このことから、転移状況が切迫しているときに、セラピストが他者として能動的な介入を行うことで転機がもたらされると考えることができます。そのときの適切な介入は、転移解釈かもしれませんし、なんらかの理解の伝達かもしれませんし、ただうなずくことかもしれませんし、能動的に沈黙することかもしれません。能動的に沈黙するとは矛盾と受け取られるかもしれません。伝統的カウンセリングで求められるセラピストの受動性は、セラピストは基本的に沈黙し、クライエントの話を傾聴するという設定を含意しています。セラピストの沈黙は設定の一部です。30分カウンセリングではセラピストの能動性が求められます。それゆえ、沈黙は前提ではなく、セラピストの臨床判断にもとづく介入となります。そして、その沈黙には多様な意味が込められます。たとえば、連想が焦点テーマから逸れていくときには、選択的無視としての沈黙が使用されますし、重要なテーマが展開しているときには、受容としての沈黙が使用されます。焦点化されたテーマにまつわる素材が展開したとき、どのような介入を行うかについては定式化することができません。なぜなら、その介入はセラピストが独力で創り出せるものではないからです。もちろん、患者も独力で創り出すことができません。セラピストと患者の2人のあいだから自発的に介入が創り出されるのです。そのような創造的な出来事が生起したとき、カウンセリングが展開するのだと私は考えます。

私はこのような創造的な出来事が生起したとき、その体験を「美的体験」（2017）と呼んでいます。

6　おわりにかえて――今後の課題

30分カウンセリングの特徴は退行の抑制とテーマの焦点化です。しかし、今後の検討課題がいくつかあります。すでに触れた事柄もありますが、列挙したいと思います。

1つめは適応の問題です。この問題については多少触れましたが、伝統的な長時間・高頻度カウンセリングの適応とどのような差異があるのかについてさらなる議論が必要と思われます。

2つめはマネジメントの問題です。マネジメント問題にはクライエントを抱えるという目的だけではなく、セラピストが臨床に携わる際の環境設定という問題も含まれています。この問題は、実践的にきわめて重要なので今後議論していきたいと思います。

3つめはセラピストの訓練の問題です。30分カウンセリングの訓練は現状まったく行われていないと思います。通常のカウンセリングの事例検討会でも、そこで提示される事例のほとんどは45～50分面接です。30分カウンセリングに携わる臨床家の訓練はどのような形態と内容が適切なのかという議論とともに、そのような訓練の場を設定する作業も求められています。

4つめは治療転機の問題です。私は「美的体験」としましたが、この治療転機は30分カウンセリングに特異的なものなのでしょうか？ それとも長時間・高頻度カウンセリングでも同じなのでしょうか？ 違うのでしょうか？ 私のなかでは一定の結論は出ていますが、さらなる臨床経験の集積と議論が必要です。

5つめは長期予後の問題です。30分カウンセリングがたしかに変化を生み出したとして、それは長期的に維持されるものなのかどうかという点です。これは伝統的な高頻度・長期間カウンセリングでも十分に検討されていない事柄です。しかし、今後の心理臨床では長期予後の調査は避けて通れない課題でしょう。

本章は30分カウンセリングの到達点を示しているのではなく、出発点を提示しています。30分カウンセリングを実践する読者のみなさんとの議論を通して、30分カウンセリングの探究がいっそう深まることを期待しています。

第5章　医療現場における臨床心理士・公認心理師の立場から

浜内彩乃

1　はじめに

まずはじめに私の臨床歴を簡単に紹介します。私は臨床心理士養成の大学院で主に精神分析を学び、修了後は教育機関で50分枠のカウンセリングを実施していました。その後、福祉機関で50～90分枠でのカウンセリングを実施し、現在は、医療機関や私設オフィスなど複数の臨床現場でカウンセリングを行っています。私設オフィスでは50分枠でカウンセリングを行っていますが、医療機関では30分枠で実施しています。医療機関では面接と面接のあいだにインターバルがありません。9時から1ケース目が始まり、9時30分に終了します。その後、ただちに2ケース目が始まるため、1ケース目のクライエントを見送ったその足で、2ケース目のクライエントをお呼びします。そして半日で最大8ケースを対応します。

医療機関でのカウンセリングは、諸々の兼ね合いにより、このような30分枠でカウンセリングを実施するカウンセラーが少なくないのではないでしょうか。一方、私設オフィスにて50分枠でカウンセリングを実施する場合には、10分間のインターバルがあり、半日で最大4ケースとなります。時間枠が異なると、ケース数以外になにが異なるのでしょうか。私の臨床実践から考えていこうと思います。

まず、カウンセリングの目的によって大きく2つに分けて説明します。1つめは、今現在の困りごとの解決や症状の軽減など、即時的な対応を目的としたカウンセリングです。これは、症状や障害についての心理教育を行ったり、状況を分析して具体的な対処方法を提案したり、認知や思考へのアプローチをしたりします。2つめは、内的探索を目的として行うカウンセリングです。これは、自分は何者なのか、症状にはどういった意味があるのかといった無意識レベルを探索していく作業です。

2　医療機関における30分カウンセリング

30分という短い枠組みしか設定できない機関において、私が最初からクライエントに内的探索を目的としたカウンセリングを提案することはありません。それは30分という短い枠組みのなかでは多くの事柄を十分に扱うことができないということと、医療機関に来られるクライエントの多くは治療を目的とされているからです。

インテーク面接に50分かけることができれば、その方の主訴やカウンセリングへのモチベーション等をある程度聞き取ることができ、さらにこちらの見立てや方針を伝え、それについて議論することまでできます。そのうえで、探索的心理療法が適応だと判断し、クライエントの同意が得られた場合には、次の面接で成育歴や家族歴を聴き取ることができます。私は初回面接で、かならず見立てと方針をクライエントに伝えるようにしています。今、クライエントが主訴としている事柄がなぜ生じているのか、それはどのような可能性があるのか、それを解決するために私ができることはなにかをお伝えします。複数の選択肢がある場合にはそれらもすべてお話し、クライエントに意見を求めます。クライエントから質問があれば、それについても回答します。2回目以降に来ていただく必要があれば、それはどうしてなのか、どれくらいの回数来ていただくとどうなるのか、といった見通しもお伝えします。そうしたやりとりをしようと思えば、5～10分程度の時間がかかります。

少し話しが逸れるかもしれませんが、カウンセリングについて「継続的に来ることが基本である」という考え方に私は賛同できません。1回の面接で解決できるのであれば、それに越したことはないからです。もし1回で解決が難しい場合には、どうして難しいのかをクライエントにきちんと説明する責務がカウンセラーにはあると考えています。カウンセラーや所属機関ができることとできないことを明示することも必要です。

みなさんは医療機関を受診した際に、症状などを聞かれるだけ聞かれて、診断や方針についてなにも説明されないまま「ではまた次回」と言われたらどう感じるでしょうか。きっと「なんのために行ったのだろう」「あの病院は信用できない」といった想いが湧いてくるのではないでしょうか。

成育歴や家族歴など、聞き取りたいことをすべて聞き取ってから見立てや方針を立てたい、というカウンセラーの思いは理解できます。しかし、限られた時間のなかで、すべてを聞き取ることは困難です。そうすると、聞き取れていないものを次回聞きたいと思い、その次回が終わるまでアセスメントや方針についてクライエントと話すことが先延ばしになってしまいます。場合によっては、50分枠であっても、5回ほどクライエントと会うまで方針が伝えられないということも起こるでしょう。そのあいだ、得るものがあるのはカウンセラーばかりで、クライエントにとってのメリットはありません。クライエントの時間とお金を浪費しないという認識は、クライエントを治療していくうえで重要なのではないでしょうか。そうした意味でも、私はクライエントと見通しを共有するということも大切にします。

話を戻します。30分の枠組みのなかで、見立てや方針を伝え、見通しを共有するためには、20分ほどで主訴を理解し、それがなぜ起こっているのかを考えるための材料を集めなければなりません。そうすると、かなり焦点を絞った情報収集を行うことになります。どこに焦点を絞るかを考えると、それはもちろん主訴に沿ったものとなります。

たとえば発達障害傾向があり、仕事でミスが多いのをなんとかしたいという主訴であれば、このクライエントが仕事でするミスはどういったものなのか、それがクライエントの発達特性とどう関係しているかを検討するための情報収集をする必要があります。

またほかの例として、対人緊張の強い不登校のクライエントが、登校して卒業したいという主訴の場合、対人緊張が強まった際にはどのような状態になるのか、これまで試してきた対処方法のなかで効果的なものや効果がなかったものはなにかなどの情報収集をすることになります。

もっと広い視野で考えると、前者の発達障害傾向の方は、もしかしたら発達障害の特性だけでなく、育ちのなかでの誤った対処スキルや職場環境の問題、クライエントの認知や自尊感情の問題がある可能性もあります。後者のクライエントは、家族関係や友人関係など人との関係のもち方や、自我意識の状態などをアセスメントすることも有効です。

しかし、20分でそれらすべてを網羅することはできません。探索的心理療法を行う場合、クライエントの家族歴や成育歴は見立てを行ううえで重要な情報となります。そして家族歴や成育歴から、クライエントの不安のあり方や防衛のあり方を見立て、その不安や防衛をどのように扱って行くのかという方針を立てることになります。ベテランのカウンセラーであれば少ない情報からでもそういった見立ては可能なのかもしれませんが、私のレベルでは到底できません。そのため、30分という短い枠組みのなかで初回に探索的心理療法が有効であると判断できるほどの情報収集ができず、それゆえそれを提案しないのです。

また、医療機関に来られるクライエントは治療を目的としていることが多く、その治療も症状を軽減するという目的の方が多い印象があります。それは医療機関の役割を考えれば至極当然のことでしょう。そうすると、主訴も症状軽減であったり社会適応を求めたりするものとなります。その主訴に対応するとなれば、心理教育や環境調整、認知へのアプローチといったことが優先されます。しかし、それは30分カウンセリングで探索的心理療法を行うことができないといっているのではありません。あくまで「最初から」提案しないというスタンスであるというだけです。心理教育や環境調整を行っていくなかで、少しずつ自身の内的傾向に触れていき、自分がなぜこのような状態になっているのかについて時間をかけて深く探索していきたいという方もおられます。そうなってから探索的心理療法が適応かどうかについて検討しています。

3　即時的な対応を行うカウンセリング

まずは即時的な対応を行うカウンセリングを行う場合について解説していきます。この場合の1番のポイントは、「ターゲットを明確にする」ということでしょう。先ほどお伝えしたように、30分という時間のなかで、多くの題材を取り扱うことはできません。ちなみに、30分2回と60分1回ではトータル時間は同じですが、話せる量や取り扱える事柄はまったく異なります。なぜなら、多くの人は、話しはじめてすぐに中核的な事柄だけを話すということが難しいからです。

面接室に入ったあと、荷物をおいたり、座る位置を定めたりして、その後「こんにちは」「よろしくお願いします」といった挨拶を行い、ふぅとひと息つく、これだけでも1、2分の時間が経過します。その後、なにを話そうか思いをめぐらせたり、前回以降にあった出来事について思いをめぐらせたりします。前回のカウンセリングで話していたことの続きを話すと決めていても、そのとき感じていたことや気づいたことを同じように想起することはできません。そのため、振り返りの作業が必要となり、主題に入るまでさらに時間を要します。面接頻度が1カ月に1回程度など低頻度であればなおのこと、主題に入るまでの時間は長くなります。そのため30分2回よりも、50分1回のほうがトータル時間は少なくても、より濃い内容になります。そうなってくると、カウンセリング時間は長ければ長いほうがいいのではないか、という意見がでてくるでしょう。それはかならずしもそうとは限りません。人が集中力を保てるのは50分~90分といわれています。高校や大学の授業がそうした時間設定になっているのも、こうした根拠があるからです。

そして、カウンセラーはつねに頭をフル回転しながら、かなり高い集中を保たなければなりませんので、90分もカウンセリングを行うと、脳が疲弊してしまいます。実際、私も以前の勤務先で90分のカウンセリングを行うことがありましたが、その後、10分のインターバルでは回復できないほどの疲労があり、それを1日複数ケース担当することは困難でした。さらに、高い集中を保ち続けるには、15分~30分程度が限界であるといわれています。こうしたことから、30分カウンセリングというのは、クライエントもカウンセラーも高い集中を持続させ、そこに内容を凝縮させるには、非常に有効性の高い時間設定であるといえます。ちなみに、通常のカウンセリングが45分~50分であることが多いのは、カウンセリングとカウンセリングのあいだにインターバルを10分~15分取ると、面接開始時刻が9時から、10時からと、キリよく設定できるからです。

さて、30分に内容を凝縮させるためには、「今日はなについて話し、どうなることを目指すのか」ということをクライエントとカウンセラーが共に認識し、そのゴールに向かって進んでいかなければなりません。そのためには、最初の5分程度でクライエントが相談したいと思う内容を話しはじめるのを待ち、状況を確認し、なにを取り扱うのがよいかをカウンセラーが検討し、「これについて話し合うのはどうか」と提案して、同意を得る必要があります。

たとえば、仕事でミスの多いAさんが、前回のカウンセリングから今回のカウンセリングに来るまでのあいだにどのようなミスをしたのかについて話し出したとします。そのエピソードが1つであれば、そのことを取り上げて、なぜミスが生じたのかを検討していけばいいわけですから、非常にシンプルです。しかしミスが複数あり、こんなこともあった、あんなこともあったと語られた場合には、そのうちどれを1番話し合いたいかを尋ねるか、その複数のミスに共通する部分について話していくのかを決めなければなりません。たとえば、先ほどのAさんが、前回のカウンセリングから今回のカウンセリングまでのあいだに、「メールの宛先を間違えた」「書類に不備があった」「会議に遅れた」と複数のミスについて報告した場合、この3つのミスのうち、どれか1つを取り上げてミスが生じた状況を分析し、改善方法を考えるとするのか、3つのミスに共通することはなにかについて考えていくのかをカウンセラーが決定する必要があるということです。

また、後者の場合、どのような方向で改善策を考えていくのかも焦点づける必要があります。たとえば、Aさんの3つのミスに「焦っているときに生じる」という共通点があった場合、「焦らないようにするにはどうしたらいいか」について話し合っていくのか、「焦っているときにどう対処したらいいのか」について話し合っていくのかを決めなければなりません。ほかにも「できているときはどういったときか」を話し合うこともあります。どれも重要なことですが、30分ですべてを話すことはできません。

4　時間配分について

クライエントの話のどこに焦点づけ、どの方向性で話し合っていくのかについては、無限の選択肢があります。同じクライエントの同じエピソードであっても、どの部分に焦点をあて、なにを話し合っていくのかは、カウンセラーによって異なります。どこに焦点づけをしてもよいのですが、重要なことはターゲットを絞ることです。いろいろと聞きたいことがあっても、グッとこらえて、ターゲットにしたことのみを詳細に聞いていくのです。また、話が長いクライエントの場合には、カウンセラーが途中で話を切るということも必要でしょう。

ターゲットを決め、ターゲットについてどのような方向性で話し合うかを決めたら、具体的な介入をしていきます。介入方法については、それぞれのカウンセラーが得意とする技法を用いることがいいでしょう。逆に、とくになんの技法も持たないというのは少し心許なく思います。傾聴だけでクライエントを抱えるには30分という時間はあまりにも短すぎます。もちろん、クライエントの状態によっては傾聴だけで終えることもあります。しかし、それは技法による介入を行っているなかで、ということが前提となります。私が主に取り入れている技法は、認知行動療法（CBT）や応用行動分析（ABA）です。これらの技法は、ターゲットを決めて介入することが基本となっているため、30分カウンセリングにおいては最適な技法です。もう少し正確に伝えると、ターゲットを決めてから技法を考えるのではなく、インテーク面接での見立てをもとに、そのクライエントにとって有効な技法を決め、2回目以降、その技法に応じたターゲットを決めるという手順になります。

先ほどから登場しているAさんで考えてみましょう。仕事でミスの多いAさんが実際にミスを減らすためにどうしたらいいかについて具体的な手立てを考えたいと希望していたとします。この場合は、具体的な手立てを考えたいわけなので、環境調整だったり行動の変容だったりを考えていくことが有効だと考えます。そうすると、Aさんにミスが生じるきっかけはなにか、どのように行動し、その結果がどうなったのか、どのような工夫ができそうかといった話し合いをすることになります。一方で、Aさんがミスをすることによって落ち込んでしまい、それによってさらにパフォーマンスが下がるという循環が生じているのをなんとかしたいと希望したとします。こうした場合には、ミスが生じたときにどのような感情が生起され、どのような認知があったのかを検討し、認知の幅を広げることを試みるかもしれません。もちろんほかにも有効な技法はあるでしょう。どのような技法であっても、短い時間での介入は、「なにをするか」「なにができるか」をカウンセラーが明確に考えておく必要があるのです。こうした介入の時間はだいたい15～20分程度必要になります。

最後、3～5分の時間は、振り返りやホームワークについて話す時間になります。30分という時間は、クライエントも短いと感じやすく、「もっと話したい」という欲求が高まりやすくなります。また、時間を気にしていなければ、あっという間に過ぎてしまいます。カウンセラーが30分の時間感覚に慣れてくると、時計を見なくとも時間配分ができるようになってきますが、それでもあえて、私は時計を見るようにしています。カウンセラーが時計を見ると、クライエントも時計に目がいきます。そうしてクライエントが時間を意識すると「もう少し話しても大丈夫かな」「もうそろそろ終わりだな」等、時間に合わせて話すようになります。こうした1回の面接のなかでも見通しを共有するということがカウンセリングを共同作業にするのです。

振り返りの時間は、終わりの作業といえます。面接終了の時間になって「はい、終わりです」とすると、クライエントは突然に別れを切り出されたような感覚になります。そこで、残り5分ほどの時間になると、「今日は○○について話してきましたが」「もう少しで終わりなのですが」と、終わりに向かう言葉をカウンセラーから切り出します。こうすることで、「もうすぐ終わるんだな」とクライエントに意識づけ、面接が終わっていくこころの準備をしてもらいます。このときにクライエントからの質問を尋ねたり、今日の内容を復習したりすることで、面接の内容をより定着させられるという効果もあります。

さらに、ホームワークを出すことで、自宅に戻ってからも面接での作業が継続します。そして、ホームワークで行ったことを次の面接の際に話すことで、カウンセリングの継続性を高めることができます。ここにはクライエントとカウンセラーとのつながりの継続性も含んでいるのではないでしょうか。ホームワークを通して、次の面接までの時間も、カウンセリングの延長として感じることができます。クライエントはホームワークをしながら「このことを次のときに話そう」

「カウンセラーがいたらこう言うだろうな」と頭に浮かべるでしょう。実際のカウンセラーが隣にいなくとも、カウンセラーを感じることができるのです。カウンセリングの最終目的は、カウンセラーを内在化し、1人のときも、内在化したカウンセラーと対話できるようになることではないかと思います。

まとめると、即時的な対応のカウンセリングの場合、導入に5分~10分、介入に15分~20分、振り返りに3分~5分といった時間配分となります。面接と面接とのあいだに継続性は持たせながらも、セッションごとにターゲットを決め、取り扱っていきます。ちなみに、私は毎回、終結するというイメージで面接を行っています。ターゲットとなる問題を毎回の面接のなかで解決できるように介入するのです。しかしそれでも、次の面接に継続されることもあります。カウンセラーがどこまで一緒に解決方法を考えていく必要があるのかはクライエントによって異なります。1回で解決していく方法がわかり、あとは自分1人でやっていけるという方もいれば、何度も共に考えることを望まれる方もいます。いつ終わっても大丈夫、というスタンスは、クライエントを必要以上に依存させないことにもなります。依存させないということは、必要以上に退行させないことでもあり、クライエントの社会適応を保つうえでは大事な視点です。

5　探索的な心理療法

即時的な対応のカウンセリングについて述べてきましたが、それだけでは不十分な方もおられます。自分が同じ対人関係のパターンを繰り返していることが明らかになり、なぜそのパターンを繰り返すことになったのかを考えたいという方や、即時的な対応だけでなく自身の人生全体を振り返りたいという方などです。そうした場合には、探索的心理療法に切り替えるかどうかの判断を行います。探索的心理療法とは、自分の内的世界について深く探索していき、無意識の自分について理解を深めていくものです。探索的心理療法も学派などによって複数の方法がありますが、ここでは私が専門とする精神分析的心理療法による探索的心理療法について説明していきます。

精神分析的心理療法は誰にでも導入していいものではありません。クライエントが「やりたい」というだけではできないのです。精神分析的心理療法が、そのクライエントにとって役に立つかをカウンセラーは判断しなければなりません。この判断基準は、象徴機能を有しているか、神経症水準であるか、毎週通うだけのモチベーションや経済力、時間があるかなど50分枠での精神分析的心理療法を導入するときとさほど変わりません。

そこにプラスして考えることは、毎週通えるかどうかをより重要視するということと、境界水準の方には基本的に導入しないということです。毎週通えることを重視するのは、毎週来られたとしても、1回30分であれば、2回で通常の1回分にも満たないためです。30分枠なのであれば、できることなら週2回来てもらうことが望ましいでしょう。しかし医療現場の現状を考えれば、週1回の枠を取るだけでも精いっぱいなのではないでしょうか。そうした意味では、クライエント側だけでなく、カウンセラー側も毎週設定できる職場環境であるのかが重要です。

また、境界水準の方に導入しないというのも、やはり十分に抱えられる状況ではないためです。

30分という短い時間は欲求不満を喚起させやすく、行動化や中断を起こしやすくさせます。そうさせないために、30分枠の場合は、曜日や時間、面接室の固定など、外的な枠組みをかなりしっかりと持ち、行動化のリスクが高い人には導入しないということが重要です。

精神分析的心理療法を行う場合、枠が大事であるということは、ここで議論する余地もないと思いますが、現場によってはその枠をしっかりと持つことが難しいことも多いのではないでしょうか。そのため、隔週で行ったり、時間を変更して行ったりというカウンセラーもいるでしょう。そのこと自体を批難するつもりはありません。私自身もそうした事態にならざるをえなかった経験も多くあります。しかし、私の経験では30分カウンセリングの場合に不安定な枠組みで行うと、中断や行動化にいたるということが多くなりました。私の力量不足といってしまえばそれまでですが、50分カウンセリングでは十分な枠組みが設定できない現場であってもそれほど多くの中断や行動化はありませんでした。そうすると、やはり30分という枠が大きく影響していると考えざるをえません。30分カウンセリングで精神分析的心理療法を行う場合、日時や場所などの枠の設定をきちんと行うこと、最低でも毎週の頻度で実施することが望まれます。

私は50分カウンセリングの場合、開始後20分程度はカウンセラーが口を挟むことなく、クライエントの自由連想に耳を傾けています。この時間、クライエントの連想は、面接までの1週間に体験したエピソードや時事ネタなど現実的な話題が多くなります。そこで連想された素材に対して、カウンセラーは解釈をします。すると、現実的な話題から内的世界の連想へと深まりをみせます。面接開始後、30分ほど経ってから内的世界に降りていき、クライエントが体験している世界についてで話していくのです。つまり、30分カウンセリングであれば、これから内的世界に降りていくというちょうどそのタイミングで面接時間が終了になってしまいます。そうなれば、50分のときとまったく同じ方法ではうまくいきません。ではどうすればいいのでしょうか。

まず完全な自由連想を目標とすることは難しいでしょう。開始時は「始めましょうか」「よろしくお願いします」などの合図をして、自由連想を促します。50分であれば、クライエントの言葉がとまるまでカウンセラーが口を挟むことはありません。しかし、30分カウンセリングの場合は、クライエントが連想する素材に対してカウンセラーに気づきがあった時点で介入を行います。

たとえば、クライエントが「眠くてやる気がでない」といった話を始めたら、これまでの文脈も考慮しながら「今日はあまり考えたくないとおっしゃっているようだ」と解釈をするという具合です。カウンセラーが介入するタイミングが早くなるといってもいいでしょう。現実的な話題から内的世界に入るスピードを早めるのです。この作業は、一見、治療を早めるやり方のように思えますが、クライエントのペースに合わせて行うわけではないため、時には乱暴な解釈になってしまうことと、自由連想を部分的に妨げてしまうことを知っておく必要があります。乱暴な解釈になってしまわないためにも、精神分析的心理療法を導入する前にしっかりとした関係づくりを行っておくことが重要です。そうした関係づくりのために、まずは即時的な対応のカウンセリングなどを丁寧に行い、そのなかで、そのクライエントの内的な課題が見えたときには、それを共有し、内的世界に触れる土台作りをしていくのです。内的課題を共有したときに、そこへの反応がよいクライエントは、探索的心理療法へ移行する可能性があると思ってもいいでしょう。

ちなみに、私が即時的な対応のカウンセリングを行う場合、アセスメント面接は初回面接の1回で終えることを基本とし、クライエントの主訴の確認と、現病歴を聞くことだけに集中します。そのため、成育歴や家族歴などはそのあとのカウンセリングのなかで出てくれば少し聞いておく、という程度にとどめています。ご家族がサポート資源になりうる場合はその時点で丁寧に聞くこともありますが、家族について知らなくともカウンセリングを行うことはできます。しかし、精神分析的心理療法を行う場合、そうはいきません。その方の病態水準や防衛、不安のあり方などをアセスメントするためにも成育歴や家族歴は重要な情報となります。また、クライエントがよく見る夢や最早期記憶なども聞いておいたほうがいいでしょう。即時的な対応のカウンセリングを行っているなかである程度明らかになることもあるため、初回インテークのように丁寧に聞き直す必要はありませんが、精神分析的心理療法の導入が浮かび上がってきた時点でアセスメント面接を1、2回導入するようにしています。この場合も、もちろん1回30分であるため、必要最低限の情報を得るだけで十分です。必要最低限とは、その方の病態水準、防衛、不安のあり方がアセスメントできる情報量を指します。30分カウンセリングを行ううえでは、少ない情報でより的確なアセスメントができる技量を身につけていくことも必要といえるでしょう。

6 自由連想と解釈

自由連想の導入も50分カウンセリングと変わりありません。頭に浮かんだことをすべて話してもらうという契約をします。座り方は現場によって可能な位置や体勢が異なるでしょうが、対面の場合は90度にするなど、できるだけカウンセラーとクライエントの視線が交わらないようにします。そうすることで、クライエントはより自由に連想しやすくなります。

早めに介入するということともう1つ、50分カウンセリングと異なるところは、〈いま・ここ〉での解釈を多く入れることを意識することです。先ほどから何度も繰り返しているように、30分カウンセリングの場合は欲求不満が高まりやすくなります。欲求不満が高まると、その人が幼少から行ってきた防衛を用いてこころの安定を図ろうとします。そうすると、抵抗が生じたり、転移が現れやすくなったりします。そうした抵抗や転移が面接場面で現れることが重要であるため、精神分析的心理療法は欲求充足させないことが大事だといわれています。

それはたしかにその通りなのですが、欲求不満があまりに高まり、それが面接のなかで十分に取り扱われないと、行動化という形で排出されます。行動化の内容はクライエントによってさまざまですが、時には破壊的な行動化を起こすこともあり、面接継続が危機的な状況になることもあります。そうならないために、クライエントの欲求について面接のなかで取り扱い、欲求不満を抱える作業が必要となります。その作業は、転移や抵抗をきちんと解釈すること以外にありません。たとえ解釈が外れていたとしても、クライエントになにが起こっているのかを、カウンセラーが自身の空想や連想、内省といったことから導き出し、それをクライエントに伝えることで、クライエントはカウンセラーと共にそこにいると感じることができます。そして抱えられていると感じることにつながり、クライエントは安心して面接室のなかで内的世界を展開させようとします。

解釈にはいくつかの種類があり、どの解釈を用いるかはそのときの臨床判断であったり、学派の理論に依拠したものになったりするでしょう。その複数ある解釈のうち、〈いま・ここ〉での解釈は、クライエントにとってもカウンセラーにとっても、最も理解しやすいものなのではないでしょうか。なぜなら、〈いま・ここ〉での解釈は言葉の通り、クライエントとカウンセラーが存在している今ここで起こっている転移状況について言及する解釈だからです。〈いま・ここ〉での解釈は、たとえば、クライエントが職場への不満を話していたとします。その不満はかつて両親に向けられていたものであると理解し、その転移がカウンセラーに向けられていると感じられたときに、「私に不満があるようだ」と伝えるといったものです。

クライエントの欲求不満が高まっているときには、それを抱えるために解釈を多くする必要があります。また、30分という短い枠のなかで素材を十分に取り扱おうとしても解釈が多くなります。そうすると、カウンセラーもなにが起こっているのかを早く理解し、それを言葉にする必要があります。しかしクライエントの内的世界は非常に複雑で、それほど簡単に理解できるものではありません。もっとも、精神分析的心理療法における理解とは、「理解しよう」という意識的な作業ではなく、「理解が浮かぶ」という無意識的な作業であるはずです。この作業を進めるためには、カウンセラーのなかにある情緒に注力する必要があります。カウンセラーはクライエントの話に耳を傾けながら自分が今、なにを感じているのか、その情緒はいったいどこからやってきたのかに想いをめぐらせます。そして、そのときに、〈いま・ここ〉で、カウンセラーとクライエントとのあいだになにが起こっているのかに焦点をあてるのです。今、まさにカウンセラーが体験している情緒を感じ、クライエントと共有している空間で生じていることに焦点をあてるため、理解を浮かび上がらせやすくします。また、クライエントにとっても、〈いま・ここ〉で起こっている転移に触れられることは、今体験していることになるため、そのことについて語りやすく、侵入的に感じにくいでしょう。

面接を終えるときには「今日はお時間なので」と時間できっちりと区切ります。30分カウンセリングは、50分カウンセリングよりも非常に終えにくい感覚があります。私自身の問題も関与しているでしょうが、やはり物足りなさを感じるのです。クライエントは、もう少し話したいと思いますし、カウンセラーももう少し話を聞きたいとつい時間を延長してしまいたくなります。そのため、終わりのときにはクライエントの行動化もカウンセラーの行動化も生じやすくなります。しかも、終わりに関することは、面接後になるため介入しにくくなります。終わりに関する素材が連想に出てきた際には、早期に取り扱っておくこともお勧めします。

まとめると、30分カウンセリングにおける精神分析的心理療法では、導入までの信頼関係の形成を丁寧に行い、クライエントの適性をアセスメントしたうえで、枠組みをきちんと設定すること、開始した際には介入を早めに行うこと、〈いま・ここ〉での介入を多めに取り入れることといった工夫が必要です。また、欲求不満が高まりやすいということや中断・行動化のリスクを高めに見積もっておくことが重要です。

7　おわりに

余談ですが、私が勤務している医療機関のようにインターバルがない状態で予約が入っていると、次のクライエントをお呼びする前にカルテを確認するということができません。ビオンのいう「記憶なく、欲望なく、理解なく」が体現しやすくなります。記録は1日または半日のケースが終わってから一気に書くことになるため、たいへんではありますが、それも重要なポイントに絞って書くという力が培われます。さらに、自分がなにを記憶に残しているかということもはっきりと浮かび上がります。

カウンセリングを行う場合、45分〜50分が望ましいのは事実でしょう。先人たちがさまざまな方法を試行してきた結果ですので、当然といえば当然です。しかし、さまざまな臨床現場でさまざまなクライエントへの対応を求められている今、先人たちの知恵を応用し、現代に合う形を見つけていかなければならないこともまた事実です。これまで述べてきたように30分という短い時間だからこそ行いやすいことや、できることがあります。30分カウンセリングの特徴をカウンセラーがしっかりと認識し、それに合わせた技術を身につけていくことが重要なのではないでしょうか。

第6章　教育現場における臨床心理士・公認心理師の立場から

上田勝久

1　はじめに

教育領域における臨床心理士・公認心理師の主たる現場は学校や教育センターになると思います。また、医療領域にはなりますが、小児科におけるカウンセリング等も、教育領域と密接に連動している臨床現場です。私自身も過去には教育センターで勤務し、現在はスクールカウンセラーや小児科での臨床業務に取り組んでいます。

その取り組みのなかで思うのは、今、子どもたちへの支援を取り巻く状況は、とても深刻なものであるということです。

需要に供給が追いついておらず、主訴とニーズに応じた支援が十分に行き届いていないケースが一定数存在しています。インテンシヴな心理療法やプレイセラピー、あるいは療育や言語訓練を要すると判断されても、その供給は叶わず、心理・知能検査の施行や数ヵ月に1度の心理教育的なガイダンスにとどめられているケースがあります。これらの支援も役立つものではありますが、それだけでは不十分なケースも多くあります。

ここには社会的、組織的、システム的な問題がはらまれており、その改革が不可欠です。ですが、一方で現状に見合った支援形態を模索していく必要もあります。マクロな改革には長い時間を要し、しかしながら現場には次々と新たな相談が持ち込まれてくるからです。ゆえに、たとえそれがベストな構造ではなかったとしても、短時間・低頻度設定をフルレンジで活用するための方法を考えることは、現状を鑑みると意義あることだと思います。

本章では、今や教育臨床のメインとなったスクールカウンセリングに焦点をあて、短時間・低頻度設定での支援のありかたについて検討してみたいと思います。同時に教育センターや近接領域である小児科臨床に携わる心理職にとっても役立つ内容にできればと考えています。

2　カウンセラーの立ち位置の明確化

短時間・低頻度設定における心理療法の要諦については第3章にまとめました。ここでは教育臨床ならではの特性をピックアップし、そのうえでスクールカウンセリングにおいて短時間・低頻度設定での支援をできるだけ機能させていく視点について検討してみようと思います。

さて、教育臨床の特性については以下のような項目が挙げられます。

①問題の改善とともに、児童生徒の発達促進的なアプローチが重視される。
②多くの問題が集団もしくは体制側への適応－不適応をめぐる文脈において生起している。
③ひとつの問題に対して複数の主訴とニーズが持ち込まれることがある。

①はとても大切な視点ですが、その検討は次項にまわしたいと思います。

②の「集団もしくは体制側」とは、当然ながらその児童生徒が所属する学校のことを指しています。教育臨床に持ち込まれる課題のほとんどは学校という場を前提にして形作られています。たとえば、不登校は学校に通うことが前提となっているゆえの不適応行動といえますし、「座席に落ち着いて座っていられない」といった多動の問題は、学校では「定められた時間、定められた座席に着席して授業を受ける」ことを前提としているゆえの問題です。あるいは「場面に応じて臨機応変にコミュニケーションをとり、相手の気持ちや考えを自然に汲み取っていくことの困難」は、集団生活をうまくやりくりし、場に合わせていくことが求められるゆえに問題視されることになります。

次の③の特性は②の結果として生じるものです。この特性はたとえば不登校ケースにおいて顕著となります。

スクールカウンセリングに携わっていると、保護者や教師は登校を促したいが、子どものほうは再登校を拒み、むしろその促しこそをやめてほしいと感じているケースに遭遇します。ここには複数の主訴とニーズが存在しています。保護者や教師は「子どもの不登校」を主訴とし、その解決をニーズとする一方で、子どものほうは「当面の不登校状態の維持」をニーズとしているからです。そして、このとき多くの支援者は「では、なぜ学校を休んでいるのか」と、登校をめぐってその子どもが抱えているであろう悩みや困難を、すなわち「子ども側の主訴と思しき事柄」の解明作業に取りかかろうとします。その要因が判明し、解決されれば、「不登校状態の維持」というニーズが変わるかもしれないと考えてのことです。

このような要因解明作業自体は支援を進めるうえで不可欠なものです。人間関係の難しさや学習の困難、学校や家庭にまつわる課題、心的発達と関連する問題などが明らかとなり、その解決を子ども自身も望むならば、支援はその方向へと舵を切っていくことになります。

ですが、このとき私たちはこの解明作業が本当に子ども側の主訴を同定する試みとなっているのか、あるいは「登校復帰」という大人側のニーズを叶えるための方策となっているのか、そのどちらに比重がかかっているのかを慎重に見きわめなければなりません。というのも、子どものほうは「保護者や教師が登校を促すこと」「そのために不登校の要因を解明しようとすること」その作業自体を「もっとも厄介な問題（主訴）」としている場合もあるからです。

さらにいえば、たいていの子どもはこのことをダイレクトに提示しがたい立場にいます。これは単に言語化能力の未熟さのみに由来するわけではありません。私たちの社会は学校に通い、そこでなんらかの技能を習得し、集団生活をある程度うまくこなしていくことが前提とされていますので、登校を促す大人たちを問題視するような主訴やニーズを口にすることは憚られますし、なによりもここには「権力の不均衡」が横たわっているからです。

多くの場合、物事に対する行動や判断の是非は、大人側の価値基準に準じることになりがちです。どれだけ子どもの自主性を重んじるといっても、子どもは大人から完全に独立した形で生きていくことが難しいので、この不均衡は否応なしに生起します。しばしば「子どもが反抗的である」という表現がなされますが、「反抗」という言葉遣いには「大人が正規である」という文脈が内包されています（逆に「大人が子どもに反抗的である」という言い方はなされません）。この種の不均衡は暗黙裡に子どもと大人の関係に作用します。その結果、子ども側が自身の率直な主訴やニーズを提示する機会はどうしても減じることになりがちです。

そして、このような事情を汲んで、「ここで話したことは秘密にしますので、あなたが考えるところを聞かせてほしい」「とりあえず気軽に話でもしにきませんか」といった形で子どもたちをカウンセリングに誘おうとする支援者がいます。一見すると、子どもの立場に寄り添った誘いかけのようにみえますが、ここにはいくつかの陥穽がはらまれているように思います。

第1に、カウンセリングで語られた内容を完全に「秘密」にしてしまうと、子どもの自助能力を引き出すうえでのキーパーソンとなる教師や保護者のかかわりを活用しづらくなってしまいます。ほかの助力の活用可能性を最初から封じることは、スクールカウンセリングにおいては（とりわけ低頻度設定においては）致命的なものとなります。スクールカウンセラーの多くは週1回もしくはそれ以下の勤務であり、子どもたちに供給できる物理的な時間量が教師や保護者と比して圧倒的に乏しいからです。学校生活と家庭生活を活用しえない支援はその時点ですでに困難事例といえます。この件については次項で詳しく検討します。

ちなみに、この守秘義務をめぐる導入に際して私自身は次のような内容を子どもや保護者に伝えることにしています。「面接内で得た情報の管理はすべて私が責任を負います。ゆえにそこでお聞きした内容で、私がほかの人たち（教師や保護者等）とも共有したほうが支援に役立つと判断した内容については、その人たちとも共有するつもりです。そのため、この情報の共有によって事態がまずい方向に動いたときには、その責任は私にあると考えてください」というものです。もちろん、子どもの場合は表現をより平易にして伝えます。

また、「あなたが考えているところを聞かせてほしい」「とりあえず話でもしにきませんか」といった誘い方も問題だと感じます。というのも、これらの誘いかけは支援の導入としてはあまりにも不鮮明だと思うからです。子どもは「知らない人となにを話せというのか」「話すことになんの意味があるのか」と訝しい想いをさらに膨らませることになるかもしれません。もし、自分は「カウンセラー」であるがゆえに、こうした不鮮明な誘いかけでも子どもはのってくれるかもしれないと考えているならば、それは（教師や保護者とは異なる形の）新たな権力関係への誘いとなります。子ども側に立っているつもりが、これでは元の木阿弥です。というよりも、そもそも私たち自身が大人ですし、おまけに体制側の一員ですので、ここにある権力の不均衡から逃れることなどできないはずです。

では、どうするかといいますと、私自身は「率直に私の考えや立場を伝える」という手法を採用しています。最初に保護者や教師から相談を受け、子ども本人にもカウンセリングに来てもらう必要があると判断したならば、その最初の面接を通じて私が考えたことや感じたこと、あるいは見立てや私が考える支援方針、カウンセリングに誘う理由などをすべて本人に伝えたうえで、本人にこの誘い（あるいは依頼といってもよいのかもしれません）にのるかどうかを判断してもらうようにしています。

たとえば、保護者や教師のニーズを受けて、私自身もそのニーズを叶えるために（登校復帰の方法を模索するために）本人との接触を図ろうとしているならば、そのことをそのまま伝えます。あるいは、保護者の話を聞いて、登校復帰の方法を検討する前に、まずは本人とのあいだで考えるべきことがありそうだと判断したゆえに誘いかけているならば、そのように伝えますし、その際にはその考えるべきだと感じた内容についても伝えます。また、保護者の主訴やニーズだけでなく、本人の主訴やニーズも把握したうえで事に取りかかる必要があると考えたならばそのように伝えますし、そのやり方を慣習にしているならば、慣習にしているゆえに本人に来てもらいたいと伝えます。はたまた、支援をどのように進めたものか迷っているゆえに本人の意向も聞いてみたいと思ったのならば、そのように伝えますし、今後の支援方針の妥当性を知るために私の見立てについて本人がどう思ったのかを知りたいと考えたのならば、それもそのように伝えます。

つまりは、相談を受けて生起した私自身の思考の流れをなるべく正確に本人に伝達し、本人の判断を仰ぐというやり方です。伝達方法は保護者や教師に伝言を依頼する場合もありますし、最初の保護者との面談中に手紙をしたためて渡してもらう場合もあります。

この手続きが意味することは、私がなにを考え、なにをしようとしているのか、すなわち「私が何者なのか」ということの開示です。私たちの立ち位置の明確化です。これは子どもと大人という区分を超えて、ひとりの人として事態に関する考えを表明し、ひとりの人としての彼らの意思や判断を仰ぐための試みでもあります。もちろん、このような手続きを踏んだところで、「権力の不均衡」が解消されるわけではないでしょうし、むしろ、子どもの要望を聞く前に私たちの意図を伝達しているという意味では、結局のところその不均衡を実演しているともいえそうです。そして、こうした方法で進めたところで、子どもが来談するとは限りません。その場合は、当面の依頼者である保護者や教師とのあいだで相談を進めていくことになるわけですが、ただ、たとえ本人に拒絶されたとしても、このやり方にはさまざまな利点があると思います。

というのも、この手続き自体が私たちの支援の内実を、すなわち「私たちの支援が互いのさまざまな考えや想いを率直に提示し合い、それをもとに対話を進めることで問題の解決を図ろうとする営み」であることを、ダイレクトに子どもに示しているからです。ここでいう「対話」には相互のズレや誤解の修正も含まれています。もし、私たちの意思表明に子どもが賛同しなかったならば（来談しなかったならば）、次に尋ねたいことは、私たちが提示した考えや指針のどの部分に拒絶的な想いを抱いたか、という問いです。その際には、こうした提案を行い、私たちがかかわろうとしていることそれ自体に対する拒絶感も含めて尋ねてみます。この交流に次なる反応があるならば、とりあえずは保護者や手紙を媒介とした本人との遠隔カウンセリングが開始されることになります。

また、私たちの考えを率直に示すことで、子どもがなにを受け入れ、なにを拒絶しているのかが輪郭づけられるという利点もあります。伝達した見立てのどの部分が腑に落ち、どの部分が私の誤解であるのかを明確化してくれる子どももいますし、提示した支援方針に異議があるならば、あらためて彼ら自身の当面のニーズ（「とにかく学校には行かない」「今はそっとしておいてほしい」など）を明らかにしてくれることもあります。私が提示した理解や方針に対してとにかく拒絶的な態度を示す場合もありますが、そうであるならば、今度はそれとは異なる新たな理解を提示してみることもできますし、見立てを再考し、その結果をもう1度本人に伝えてみることもできます。あるいは、本人にその齟齬について直接尋ねるというやり方もあるでしょう。そして、このさらなる問いかけに応じるならば、私の理解や方針については承服しかねても、私との交流については完全に拒絶しているわけではないのかもしれません。逆に、質問にもまったく応じず、「もう2度と手紙など送らないでくれ」という反応ならば、支援されることそのものへの拒絶感や大人への決定的な不信感があるのかもしれません。その場合は保護者や教師とのあいだで、ほかの助力を活用する気にはなれない本人の事情について検討していくことになります。

これは「私たちの意図や理解の伝達という刺激 stimulus に対する子どもたちの反応 response からみるアセスメント」といえますが、先に挙げたような曖昧な導入ではこのアセスメント自体も曖昧となり、次なる指針や理解の構築が困難となります。さらにいえば、この「私たちの率直な考えの表明」というやり方は、短時間・低頻度設定の場合はなおさら肝要です。かかわる時間の乏しさから、互いのズレや誤解が助長されやすくなるからです。これらのズレを調整するには、そのズレ自体を率直に話し合い、修正していくしかありません。というよりも、そもそもカウンセリングやセラピーという営みは、この種の修正作業の蓄積によって展開していくものです。ゆえに、それぞれのズレや誤解を率直に話し合える状況をなるべく早くこしらえることが、短時間・低頻度設定を機能させていくための大事な要素であると私は考えます。

3　発達促進的環境のマネジメント

次に前項で挙げた①の特性について、すなわち「問題の改善とともに、児童生徒の発達促進的なアプローチが重視される」という特性について考えてみましょう。

あらゆる心理的支援は、さまざまな問題の解決とともに、その個人のこころの成長を目指しています。具体的に心身の成長が著しい子どもたちへの支援においてはなおさらです。

ただ、ひと口に「発達促進的」といっても、さまざまな観点があります。私自身はその支援には大きく二種の道筋があると考えています。それは「教育」という言葉に示されているように、「教えること」と「育てること」という二種の観点です。

「教えること」には、外から必要な情報や刺激を与えることで、その個人にさまざまな技能を習得してもらうという発想が込められています。哲学的には英国経験論的な発想（白紙説にもとづく思想）といえますし、心理学の分野では学習理論や行動理論が幅を利かせる部分です。

一方、「育てること」には合理論的な発想（人のなかにはあらかじめ（神から分与された）理性があるという思想）があります。「育てる」という観点には、その人のなかに育ちのための種や資質があらかじめそなえられており、それをいかに開花させるかというニュアンスが込められています。「教育」とは、この二種の文脈が車の両輪のように連動しながら進んでいくプロセスです。発達促進的なアプローチについて考えるには、「外側からの働きかけ」と「その個人の内なる資質の開花」という二種の文脈を考慮する必要があります。

そして、さらに大切なことは、これらの文脈が学校生活や家庭生活で有機的に動いていくことです。先述したように、子どもの生活の大半は学校生活と家庭生活に占められているからです。とくに短時間・低頻度設定の場合は、かかわりのための時間量の乏しさから、カウンセリングそれ自体によって事を成そうとするよりも、これらの環境をいかに発達促進的な場としてマネジメントできるかが支援の眼目となります。そして、そのためには、その子どもにとっての発達促進的な環境とはいかなるものかを同定する必要があります。子どもの内なる資質を開花しうる環境をいかにして整えうるかが支援の鍵となります（ゆえに教育臨床における困難事例とは、学校や家庭の力を活かすことが困難な事例、すなわち虐待事例等の家庭内リスクをはらむ事例や学級崩壊等によって学校の機能が不安定になっている事例であるといえます）。

このとき着目したいのは、子どもの行動問題の内実です。教育臨床における大半の問題は学校との兼ね合いで生起すると述べましたが、ここには「教育」と「子どもの内なる資質」との齟齬が生じていると考えられます。ポイントは「齟齬」にあり、これは学校、子ども、家庭のどこかが悪いという話ではありません。いわゆる「悪者探し」はこの種のマネジメントを行うときにはほとんど意味をもちません。大切なことは、互いの性状のズレにより、子どもの内なる資質が妨げられているという視点です。そして、多くの場合、開花を妨げられた資質は行動問題のなかに内包されています。

たとえば、不登校の子どもが1日中ゲームをし続けているとき、「ゲーム依存」「登校をめぐる葛藤を回避するためにゲームに没頭している」「ゲームに費やす時間を短くする」などの理解や方針を打ち立てる前に、その内実に注目してみるのです。すると、オンライン上で同世代の人たちとチームを組んで敵チームと争うゲームに興じており、さらにはそのゲームの上級者の動画配信を見て、熱心に戦略を研究している姿が見えてきたりします。ここに子どもの資質の芽がそなわっている可能性があります。

というのも、そこには「仲間との協働作業」「課題研究」「目標達成のための努力」といった動きが示されているからです。本来、これらの要素は学校教育が育もうとしているものそのものです。それをゲーム内で開花させようとしているということです。このように考えたとき、私たちの問いが変わります。「どうすればゲームへの没頭から脱却し、再登校させることができるのか」という問いから、「なぜ、ゲーム内で展開させている資質を学校では展開できないのか」という問いへの変形です。むろん、ゲームへの没頭が嗜癖化しているケースもあり、そのときには嗜癖行動の減退を図る介入を計画する必要がありますが、ただ、その場合にもこの種の視点は保持しておくとよいように思われます。

このような例はほかにも挙げられます。「不登校状態でペットの世話しかしない」というとき、「他を慈しみ、世話する資質」をペットとのあいだでしか発揮できない状態にあるのかもしれません。そうであるならば、教室用の掲示物の作成などを通じて「教室の世話」をしてもらったり、交換ノートなどを通じて、逆に教師のほうが相談にのってもらうようなやりとりを試みてもよいかもしれません。あるいは、物事の正否を絶対視し、全体的な文脈をつかむことが苦手で（細部へのこだわりがあり）、臨機応変に事に対処していくことの難しさを抱えている自閉スペクトラム症の児童生徒に、ルーティンワークを正確に行うことが求められる学級内の係を依頼してみることも資質を活かす支援の一例です。

資質とはその個人のバイタリティであり、命のわが・まま性（神田橋、1997）です。それは可能性の萌芽です。アセスメントと呼ばれる行為は、この萌芽に向けてなされるときに、もっともセラピューティックな意義をもつのだと思います。そして、学校という外的基準への適応は、本来的にはこの資質の延長線上に達成される課題なのだと私は考えます。

4　事例の紹介

以上の内容を踏まえて、ひとつの事例を紹介してみたいと思います。

中学1年生のある男子生徒が入学後まもなく不登校となりました。

彼はそれまでは欠席などほとんどなく、明るい性格で、幼少時から本が好きなこともあって（とくに伝記を好んでいた）高い学力を保持していた生徒でした。しかし、入学後しばらくして体調不良を訴えるようになり、そのまま不登校状態へといたりました。母や教師が事情を尋ねても頑なに口を閉ざし、不機嫌になるばかりでした。

父と家族との関係は希薄で、しかも単身赴任中でした。そのため、母はひとりで本人の不登校状態をなんとかしようと奔走していました。ですが、本人はひたすらオンラインゲームに没頭し、取りつく島のないありさまでした。担任も彼と会うことができずに手をこまねいていました。そのような経過のなか、スクールカウンセラーである私のもとに相談が持ち込まれました。私自身の都合により、最初の2ヵ月は週1回30分で、のちに2週に1回30分の枠組みで支援を行うことになりました。

初回に来談した母は無力感をにじませた様子で現状について語りました。数人のママ友からの情報をもとに、母はクラスメイトとのトラブルが要因ではないかと推測していました。そのトラブルは本人のとてもセンシティヴなこころを傷つけたように私には感じられました。その理解を伝えると、母は涙を流し、元来の本人はクラスのサブリーダーに位置づくようなタイプで、責任感が強く、自分の想いよりも相手の想いを優先させ、人との和を大切にする子どもなのだと語りました。それが今ではわがまま放題で、まったく手に負えない状態になっているとのことでした。

ゲームの内実を聞くと、オンライン上で遠隔地に住む同世代の人たちとチームを組み、別チームと戦うゲームに興じていることがわかりました。彼はあまり語りたがりませんでしたが、どうやらチームメンバーのほとんどが不登校状態にあるようでした。家族と食事をともにすることもなく、ゲームをとめようとすると「あいつらが待ってるから」「俺が行かなければだめだっ」と怒鳴り、自室にこもってしまうそうです。母に暴力をふるうことはなかったのですが、暴れて家の物を壊すことはあったようです。また、彼はミッション型のロールプレイングゲームにもはまっており、それはメンバーが集まらないときにひとりで黙々とやりこんでいるようでした。

初回面接の終わりに、私は手紙を書きました。母の依頼を受け、スクールカウンセラーとして彼の再登校の可能性を探ろうとしていること、その方法を探すうえで本人の協力が必要なので来談してもらいたいことを記し、現時点で私が考える不登校の要因についても記しました。それを母から本人に渡してもらうことにしました。

翌週も母だけの来談でした。本人に手紙を渡したところ、私の理解はまったく間違っており、単に学校が面倒くさくなっただけだと嘲笑うような返答があったそうです。母は憔悴しきった様子でした。私は母を労いつつ、こちらの介入に反応してくれることはわかりましたので、次の手紙を書きました。手紙には、先の理解が間違っているとすれば、今のところ不登校の要因は私には皆目見当がつかないこと、ただ、それでも私は1ミリでも彼が再登校に進むための方法を考えようとしていること、そのためにやはり彼の協力が必要であり、1ミリでも進むための方法はないだろうか、といった内容を記しました。

翌回、彼が「1日1ページ問題集を解くぐらいならやってあげようか」と言っていたことが母から語られました。私は大きな手応えを感じました。是非そうしてほしいと手紙で返しました。

彼は約束通り7ページ分の問題集を私のもとに送ってきました。母いわく、本人は「これでカウンセラーは満足するの？　こんな指令なら余裕すぎる」と嘲笑っていたとのことでした。私の要望を「指令」という言葉で表現したところに私は彼のセンスを感じました。私は手紙に「もちろん満足していないが、本当に私の指令をこなしてくれるのかを確認したいので、もう1度、同じ内容でお願いしたいと思います。次から2ミリ、すなわち1日2ページにします」と記しました。

次の回でも問題集を解いてきましたので、今度は1日2ページの課題を依頼しました。彼は指示通りに14ページ分の問題集をこなしてきました。また、その週に久しぶりに小学校時代からの同級生が彼の家に様子を伺いにきたことが母から報告されました。ですが、彼は「会いたくない」と述べ、部屋にこもり続けていたそうです。友人は「また来るから」と自室にいる彼に聞こえるように言い残していったそうです。私は今の自分の姿を友人に見せたくないのかもしれないと母に伝えました。母は「あんなに仲がよかった友だちなのに」と落胆したようにつぶやきました。私はこの局面における彼の強烈な葛藤――友人の想いを理解しつつも、合わせる顔がない――を想いめぐらせました。そのうえで手紙には「友だちが来たそうだが、1ミリでも再登校に近づいてほしい私としてはその友だちとかかわりをもってもらいたいと考えている、そこで次に来たときには1分間友だちと話をしてほしい」といった内容を記しました。

このセッションの翌日にふたたび友人が訪れました。彼は友人と数ヵ月ぶりに話をしました。

その会話は思いの外盛り上がったようでした。というのも、その友人も彼が熱中しているオンラインゲームをしていたからでした。その日の夜にゲーム内で友人とチームを組んで遊んだそうです。友人はさらに同級生を呼び、その輪は広がっていきました。

この頃、担任が自分も手紙を書きたいと思うが、学校に誘いかけてよいものかどうか迷っていると私に相談してきました。私は先生自身の感覚で自由に書いてもらいたいと伝えました。大切なことは、その先生自身がなにを考え、どうしたいのかを語りかけることだと伝えました。

担任の手紙は、最初は一瞥したのみで捨てられてしまいましたが、担任が自身の趣味や経歴などについて記しはじめると、彼は手紙を読みはじめ、その感想を母に話すようになりました。母はその話を担任に返しました。担任はその返答を受けて、さらに手紙を書きました。次第に彼自身が「その話は面白い」「それは先生が変だと思う」といった一文を書き送るようになりました。

あるときに担任は放課後に実際に会って話さないかと提案しました。散々迷ったようですが、彼は放課後登校に踏み切りました。久方ぶりの登校でした。ちなみに私のほうはこのあいだも「1日2ページの問題集」という「指令」を与え続けるのみでした。また、面接は私のスケジュールの都合で2週に1回ペースになっていました。

放課後登校は当初は1週に1回のペースで行われましたが、徐々に週2回、3回と増えていきました。学年の教師が交代で彼に対応し、時には先生数人と放課後の体育館でバスケットや卓球をするようになりました。先生が「こちらも運動不足の解消になるから、また来てほしい。君の登校がきっかけでみんな運動できる」というと、彼は「先生も遊びたいのか」と笑ったそうです。

3学期も終わりが近づいてきたときに、ふと母が「なぜ学校休んだのだろうね」と尋ねると、彼はその要因を打ち明けました。それは相手の期待に応えてきたなかで被った、ある傷つき体験に関する話でした。しかし、彼は周囲から「そんなことで傷ついたのか」と思われることを恐れ、そのことを誰にもいえずにいたのです。

周囲は次年度からの彼の登校復帰を予期しはじめていました。彼自身も遅れを取り戻すかのように家庭学習に励みはじめました。仲のよい同級生とは実際に会って交流するようにもなっていました。

そのような折、体力づくりのためか、最近夜に走りにいくことが多くなったという話が母からなされました。ただ、私自身はそこに「なにか居ても立ってもいられないような感覚」があるのではないかと感じました。再登校をめぐる葛藤です。その理解を手紙で伝えました。

すると彼は「たしかに学校に行くことを考えている。これはカウンセラーの思い通りか？」と返信してきました。私は彼の生き方とかかわるとても大切な問いだと感じました。私は「再登校を目指して取り組んできたので、思い通りといえば思い通りです。ただ、それがあなたにとってよいことなのかどうか、あなたにとってどのような意味をもつのかは、私にはわかりません」と返しました。

新年度を迎え、彼は登校しました。家族や教師には「そろそろ行かないといけないと思ったから」と話したようです。もともと友人関係も良好で、学力も高かったので、学校生活にはすぐになじんでいきました。その後、彼は復帰した部活で副キャプテンに選ばれました。キャプテンをフォローしながらチームをうまくまとめていったようです。
母との面談はその後もしばらく続きましたが、彼が私のことを語ることはなく、私もまた手紙を送ることはありませんでした。

5 おわりに

本章の内容は、とくに短時間・低頻度設定に限局されたものではなかったかもしれません。ですが、結局のところ、短時間・低頻度設定の要諦は普通のスクールカウンセラーとしての機能の延長線上にあるものだと思われます。

むろん、こうした環境のリソースを活用していく支援ばかりではなく、週1回50分で行われる個人心理療法が功を奏すケースもたくさんあります。その場合は、私たちカウンセラーの専門的理解、専門的介入がダイレクトに活かされる支援となります。

大切なことは、さまざまな役割を柔軟にこなしていく姿勢です。やむをえず、短時間・低頻度設定での支援を余儀なくされたとしても、私たちが機能していく余地はまだまだ残されているように思います。

第7章　精神保健領域でのソーシャルワーカーの立場から

安藤佳珠子

1　はじめに

本章では精神保健領域でのソーシャルワーカー（以下ＰＳＷ：Psychiatric Social Worker）の立場から「30分カウンセリング」というテーマで、短時間でできる工夫について提案していきます。はじめにこの「30分カウンセリング」という言葉ですが、ソーシャルワークのなかではあまりカウンセリングという言葉は用いません。カウンセリングというと個人の内面に焦点をあてたり、自己や自我といったものを取り扱うというイメージがあります。ＰＳＷの場合、個人の内面のみを取り扱うといったことよりも、クライエントが直面している現実や事実であったり、クライエントを取り巻くさまざまな生活課題について取り上げることがほとんどです。一般的に、カウンセリングという言葉ではなく、面接や面談、相談などの言葉で呼ばれており、本章ではクライエントと1対1でかかわる場面では「面接」という言葉を使っていきます。

本章の目的の1つめは、30分の面接をソーシャルワークではどのように捉えるのかについて、事例にもとづいて考えてみることです。ソーシャルワークでは、時間や場所などを設定して構造化された面接を行う場合もありますが、それよりも、その時々に応じた時間や場所で面接を行うことが基本です。こうした構造化されない状況での面接について、事例を参考にしながら検討していきます。

2つめの目的は、この30分の面接でPSWが工夫していることについて事例をまじえて説明していくことです。本章で用いる事例は、事例内容にかかわらない限り、特定の個人を識別できる情報について最大限の改変もしくは隠匿を行っています。

2 「30分の面接」をどのように捉えるのか——構造化されない状況での面接とは

では、30分の面接をソーシャルワークではどのように捉えるのかについて説明していきます。まずPSWの面接を時間や場所といった軸で考えたとき、2つに分けることができます。1つめは時間や場所を設定した面接、もう1つはクライエントの生活において必要なときに、必要な場所で行う面接です。1つめの時間や場所を設定した面接というのは、たとえばインテーク面接や定期面接、サービス調整のモニタリングなどが挙げられます。インテーク面接は、精神科の初診時や事業所への初めての通所時に行う面接などを指します。定期面接は、デイケアであれば月1回行っていたり、クライエントやその家族の相談を日時を決めて定期的に行うこともあります。また、福祉サービスを利用されているほとんどの方に対して、サービスが機能しているのかをモニタリングするための定期面接も実施しています。時間や場所を設定した面接はPSWの面接のうち、少なくない割合を占めます。

しかし、こうした面接以外での場面、つまりクライエントの生活において必要なときに、必要な場所で行う面接がPSWにとっての基本となります。たとえば、外来での5分の立ち話も面接になります。クライエントによっては、面接室で話をすることに、とても抵抗のある方もいらっしゃいます。面接室に入ると、なにかたいへんなことを言われるのではないかといった想いがあり、クライエントの想いや言葉が出てこない場合があります。そうした場合、クライエントが自分の想いや言葉を出しやすい場所や時間設定が必要となります。また、クライエントによっては、1日がかりの大掃除のひと場面が面接になることもあります。話を聞いてほしいという想いは持っていたとしても、それをうまく表現できないクライエントがいたり、PSWが本当に自分のことを考えてくれているのかと様子を見ているクライエントもいます。大掃除をするといったクライエントの生活の一部を一緒に作り上げるような援助活動を通して、ようやくクライエントの想いや言葉が出てくるときがあります。クライエントから急遽、相談の依頼が入ったり、他機関から連絡を受けて、面接の必要性を判断し、早急に面接をする場合もあります。

このようにソーシャルワークの基本となる、クライエントの生活において必要なときに、必要な場所で行う面接では、30分の面接をどのように捉えていけばいいのでしょうか。PSWの面接は、時間という枠組みが設定されているわけではなく、その時々で必要な時間を設定していきます。そのため、この30分という時間設定は、PSWの一般的な面接とは言いがたいです。しかしながら、個人的にはこの30分という時間設定を、とても使いやすいと思っています。その理由として、第一にクライエントにとって自分の話を聞いてもらえたという感覚を持ちやすいという点です。第二に、クライエントに今起きていることや、今問題にしようとしていることを整理するためには適度な時間であること、第三には、その整理したことについてどうするのか、どうしたいのか、どうしたくないのかについて、一定程度、PSWとの共通の理解を深められたという感覚を持ちやすいという点です。この3点を30分という時間のなかでは網羅しやすいため、筆者は30分という時間設定を個人的には好んで使っています。

3　内省が苦手なAさんの事例

(1) 必要なときに、必要な場所で行う面接とは

次にクライエントの生活において、必要なときに、必要な場所で行う面接について、30分で行った面接の具体例を示しながら説明します。

ある日、ハローワークの障害者雇用担当の相談員から精神科病院のＰＳＷに電話がありました。その内容はＡさんがハローワークの窓口で大きな声を出して怒っているのでなんらかの対応をお願いできないかというものでした。Ａさんに電話をつないでもらったところ、怒った様子で相談員の態度が悪いと話してくれました。ＰＳＷから、一旦病院に来てなにが起きたかについて話に来てほしいことを提案すると、Ａさんは了解し、病院で面接をすることになりました。

面接ではじめに、なにがハローワークの窓口で起きたのかについて尋ねると、Ａさんはハローワークの相談員の態度が悪いことや言葉遣いがなっていないことを何度も繰り返し話してくれました。話しているうちに少し落ち着いたようで、Ａさんは自分が言っていることについてＰＳＷにどう思うかと尋ねてきました。ＰＳＷは、Ａさんがすごく怒っていることを受けとめたうえで、ＡさんはなぜＰＳＷの前では大きな声を出すこともないし、怒ることもないのに、その相談員には怒ったのかを尋ねてみました。Ａさんは相談員の態度が悪いから自分は怒ったと言いましたが、ＰＳＷから「もしかしてバカにされたという気持ちがあったから怒られたのではないですか」と尋ねてみました。すると、Ａさんはたしかにそういう気持ちもあったと答えました。

ＰＳＷは、Ａさんがハローワークに行き、就職活動について熱心に取り組んでいることを知っていたため、今回のことで、Ａさんがハローワークに行きたくないという想いを持ってしまわないか気がかりであることも伝えています。Ａさんは困った様子で、今後どうしたらいいかわからないと話されました。ＰＳＷは、Ａさんがその相談員の言動で傷ついたことは理解するが、Ａさんが大きい声を出したことや怒ったことが適切な表現だったのかについて尋ねると、Ａさんは仕方ないことだと思うと話しました。

Ａさんがバカにされたような気持ちになった言動について、ＰＳＷから相談員に説明し、相談員が謝罪されたらどうしますかと聞くと、Ａさんは「相談員さんが自分の対応について反省し謝ってきたら、自分も謝りたい」と話してくれました。残りの面接時間ではＡさんがバカにされたような気持ちになった相談員の言動を一緒に整理しました。最後に、ＰＳＷから、この内容をどうやって相談員に伝えるかを聞くと、Ａさんは今から相談員に電話をかけると答えたため、面接室のなかで電話をかけました。相談員の言動に対する自分の想いを伝え、相談員から謝罪をもらい、Ａさんも相談員に謝罪をし、次の日ハローワークへ相談に行くことになりました。

(2) 30分の面接を考える

Ａさんの事例では、相談員とのやりとりでなにが起きたかについて話すなかで、自分の言いぶんを黙って聞いてもらうことによって、話を聞いてもらえたという感覚を持てたため、その後自分の言いぶんについてどう思っているかをＰＳＷに尋ねる余裕が持てたといえます。また、Ａさんが怒ったり、大きい声を出したことによって、今後ハローワークにどんな顔をしていけばいいのか困ってしまうことに気がつき、今どんなことが起きていて、どんな問題が生まれているのかについても面接のなかで整理できたのではないでしょうか。さらに、その困りごとについて、具体的にどうするのかをＰＳＷと相談しながら方針を決めていき、実際に行動されました。

Ａさんの事例のように、クライエントにとってあまり好ましくない内容のときに、30分という時間は重要です。こうした内容の場合、長時間に渡る面接はクライエントに威圧感を与えます。そのため30分というコンパクトな時間で切り上げるということがクライエントの負担にとっても必要なことではないかと考えています。

余談ですが、Aさんの課題は、自分が安心できる関係以外において、バカにされるのではないかという不安から、怒ったり大きな声を出したりといった言動をとってしまうことです。面接場面で、PSWがAさんの内省を試みようとしましたが、うまくいかなったことが示すように、Aさんは自分の言動についての内省は苦手です。もちろん、内省ができるようになることも大切ですが、他者にAさん自身を知ってもらうということも重要です。そのため、その時々に応じてAさんに自分の言動を内省してもらえるような問いかけをすることと、Aさんとかかわる人に対してAさん自身が自分はどんなことが苦手で、どんなことに対してどう感じるのかといったことを説明してもらう機会を作っていくことが必要です。これらについては、面接のなかでも外でも一貫して、Aさんに対する支援だと考えます。

4 「30分の面接」のなかで工夫していること

次に30分の面接のなかで工夫していることについて説明していきます。PSWの面接では、クライエントが話した内容にもよりますが、クライエントとPSWだけのものにしない工夫が必要な場合があります。

その理由として、第一に、クライエントのニーズに対して多機関や多職種の連携が求められる場合があるからです。クライエントがＰＳＷに話した内容は、二者関係で共有しておいてもいい内容もあれば、多機関や多職種が連携することによって、クライエントのニーズに対するサポートができる内容のものもあります。そのためＰＳＷは、面接での内容が多機関や多職種の連携が必要なものかどうかを判断し、必要な場合にはその面接のなかで話された内容について、多機関や多職種がアクセスできるような工夫をする必要があります。

第二に、その面接のなかで話された内容は、クライエントの個別的なニーズというだけではなく、クライエントと似たような状況におかれているグループのなかで共有することで、よりクライエントやグループのエンパワーメントにつながる可能性があるからです。そのためクライエントのニーズをグループで共有できるような工夫も、ＰＳＷの面接には求められます。

5　多機関・多職種での連携──Ｂさんとヘルパー

ここから、30分の面接のなかで行う具体的な工夫について、事例をもとに説明します。

Ｂさんはヘルパーを利用していたのですが、ヘルパーを予定しているときに限って家をあけることが多く、ヘルパーやそれを調整する相談支援事業所が困っていました。この相談支援事業所はＢさんの支援にかかわったばかりで、Ｂさんとの関係が十分に築けている状況になかったため、相談支援事業所から病院のＰＳＷにＢさんと話をしてほしいとのことで連絡がありました。Ｂさんのデイケアの通所時に、ＰＳＷは久しぶりに訪問に行くことを提案し了解を得ました。

訪問時の面接で、Ｂさんは最近料理を始めたことを話してくれました。どんな料理を作っているのか、なぜ始めようと思ったのか、おすすめの一品はなにか、次にチャレンジしてみたい料理はなにかなど、会話が弾んでいきます。そのなかで、Ｂさんはその日の夕食の準備を見せてくれました。冷蔵庫のなかには、よく考えられた時短料理があり、この料理の発案についてＰＳＷは質問しました。すると、主治医から体重を落とすように言われ、自炊にチャレンジしてみたけれど、時間のかかる料理は性格的にも向かないため、簡単にできる料理を考えたとＢさんは言っていました。

その流れで、調理のサポートで入っているヘルパーについて話題を振ってみると、掃除のサポートのヘルパーは助かっているけれど、調理のサポートは必要ないとのことでした。Ｂさんに調理のヘルパーをとめることについて、相談支援事業所に伝える方法を尋ねると、無断でキャンセルしてしまったことへの申しわけなさから、自分では言えないためＰＳＷから伝えてほしいとのことでした。また、調理のヘルパーを入れるきっかけについても振り返りました。Ｂさんはもともと一人暮らしで、食事をとることができず、寝つきもよくないことから症状が再燃し、入院にいたりました。そのため退院時には調理のヘルパーをいれることになっていました。ＰＳＷからはＢさんが調理のヘルパーを中止することについて主治医にも相談する必要があるのではないかと伝えました。Ｂさんは、主治医には診察時に自分で伝えるけれど、診察が終わったあとに、ＰＳＷからも主治医に同じ内容を伝えてもらえないかと言われました。

このように、ＢさんがＰＳＷに話す内容において、多機関や多職種の連携が必要な場合、その内容について誰にどこまでどの方法で伝えるのかをひとつひとつ確認していくことがＰＳＷの面接では必要となります。主治医はＢさんが調理のヘルパーを中止することに懸念を示したため、Ｂさんの診察にＰＳＷも同席し、調理のヘルパーは今は必要ないということを確認し、またいつでも必要なときはヘルパーを利用するということで主治医には納得してもらいました。Ｂさんは、この主治医とのやりとりを相談支援事業所に伝えてもよいということでした。ＰＳＷの面接では、クライエントが話す内容が多機関や多職種の連携が必要なものかどうかについて判断し、必要な場合にはその面接のなかで話された内容について、多機関や多職種がアクセスできるように、その内容の公開範囲や方法についてクライエントの同意を得ることが求められます。

ちなみに、Ｂさんは1カ月後の診察で体重の増加がみられ、お菓子や高カロリーな食べ物など偏った食生活になっていることがわかり、調理のヘルパーを再調整していただいています。これが可能となった背景には、主治医の懸念も踏まえてＢさんとの面接の内容について、相談支援事業所にも相談し、事業所の相談員が、Ｂさんが困ったときにすぐに調理のヘルパーを使えるように準備して待っていてくれたことが挙げられます。

6　面接から支援につなぐ——迷える大学生Ｃさん

Ｂさんの事例にあったように、ＰＳＷには面接の前後にも連絡調整といった業務があります。

ＰＳＷの面接は、面接の前後での工夫があり、そのうえで面接が行われているという理解が必要です。

Ｃさんは大学進学後すぐに、人の多さに耐えきれず大学に通うことができなくなりました。病院のＰＳＷとの面接では暗い顔をしていましたが、体調的には安定しており、Ｃさんは「大学を退学しようと思う」と相談されました。Ｃさんの同意のもと、大学のＳＷと連携を取りながら、Ｃさんや家族との面接を繰り返していきました。Ｃさんは大学を辞めたいけれど、家族の期待にも応えたいという想いがあり、決断をしきれない一方で、家族はＣさんの決断を尊重するけれど、大学を辞めるなら働いてほしいという想いをもっていました。面接で、Ｃさんと家族の意見を折り合わせるなかで、Ｃさんは一度休学をして、その期間で自分のしてみたい仕事について考えるという決定をしました。

ＰＳＷはＣさんの休学中や退学をしたときのことを考えて、病院だけではなく地域の支援機関とつながる必要性を感じていました。そのためＰＳＷは、Ｃさんとの面接の前に若者支援を行っている事業所に連絡をし、Ｃさんの情報として20代前後の対象者であることのみを伝えたうえで、アルバイト先を一緒に探したり、履歴書の確認や面接練習などのサポートについて支援が受けられるのかを問い合わせています。事業所からは支援が可能であることを伺い、ＰＳＷからはもし対象者が了解した場合、事業所の相談員が病院に来て、面接に入ってもらうことは可能かと尋ねたところ、快く引き受けてもらえました。

こうした準備をしたうえで、ＰＳＷはＣさんとの面接の際に、大学の休学中やその後のことを考えたとき、病院以外にもサポートをしてもらえる場所とつながる必要性があることを伝えました。Cさんはその話に興味を示したため、その事業所へ相談に行くことを提案してみると、事業所へ行くことには渋りながらも事業所の相談員が次の面接に参加することについては了承してくれました。次の面接時に、Cさんと事業所の相談員は初めて顔を合わせたのですが、Cさんはとくに緊張することもなく、相談員と一緒にアルバイト先を携帯で探しはじめました。Cさんはその相談員が気に入ったようで、その面接の最後には、Cさんが事業所に行く日程を決めるにいたりました。Cさんは事業所に通いながら、見る見るうちに元気になり、最終的にはアルバイトを続け退学をしました。

その報告をしたいとのことで、PSWとの面接を希望され、Cさんは「自分の世界が少しだけはっきりした」とおっしゃっていました。この言葉は、Cさんが事業所やアルバイトでの具体的な取り組みのなかで、自分がやってみたいこと、自分ができること、自分にとって苦手なこと、自分がまわりに受け入れてもらえること、自分がまわりに影響を与えられる場があることなどを体験的に知ることで、以前よりも自分というものの輪郭を感じ取りやすくなったという意味として理解しています。このCさんの事例からいえることは、面接からクライエントの生活をアセスメントし、もし必要な支援とつながっていないのであれば、面接という限られた時間のなかでも必要な支援とつなぐための工夫はできるということです。

7　Dさんを通して見えてきたもの

(1)　具体的な提案を一緒に考える

面接のなかでは、具体的な提案をクライエントと一緒に考えることも重要です。地域の相談支援事業所でPSWをやっていたときに、その事業所とは別の地域の保健所で行っている家族教室で話をする機会をいただきました。家族教室が終わったあと、家族として参加されていたDさんから、長年ともに活動を続けてきたベテランのメンバーだけでグループを作るため、協力してほしいとの依頼がありました。PSWは快諾し、翌月に開催されたベテランの家族グループにファシリテーターとして参加しました。

PSWは言いっぱなし、聞きっぱなしのルールに反しない限りで、できるだけメンバーがほかの人の意見と交流できるようなファシリテーションを心がけました。メンバーはそのグループワークを気に入ってくださったようで後日、Dさんから連絡があり、Dさんと面接をすることになりました。面接のなかでDさんは、今保健所でやっている家族教室は現状の報告のみになっていて、家族自身が自分たちの本当に困っていることや、苦しい想いを出し切れていない状況にあり、PSWが行ったようなグループワークをしたいということを語られました。その際にDさんは、保健所にもう少し家族が話しやすい家族教室の運営の仕方や職員のファシリテーションについてPSWから助言してほしいということも話されました。

ＰＳＷは、家族教室の運営やその実施について家族が要望を伝えられないという状況が問題ではあることを伝えました。それとともに、ＰＳＷが保健所の家族教室に行った際には、柔軟に対応される職員が多い印象であり、むしろ職員はご家族の想いを聞きたいと思っているのではないかと感じたことも伝えています。そこで、どうすれば保健所の職員にＤさんやベテラン家族グループのメンバーの想いが具体的に伝わるかについて考えていきました。Ｄさんからは３〜４人のグループに分かれて家族教室を実施すればお互いに話ができるのではないかという提案が出てきました。この提案について、ベテランの家族グループに一旦話をしてみて、了解が得られれば、保健所の職員にも伝えるということになりました。

(2) 実行結果について確認する

さらに、ＰＳＷはその結果について、次回のベテランの家族グループで聞かせてもらうことを確認しました。面接のなかで、具体的な提案をするだけではなく、その提案が実際にどうなったのかについて確認する方法も共有しておくことが大切です。もちろん、クライエントと具体的な提案を一緒に考えているようで、実はまだ具体的な行動に移したいと思い切れていない場合は、このような提案の結果を確認する方法を面接のなかで共有することが、クライエントを追い詰めることになります。しかし、Ｄさんのように、異なる地域のＰＳＷを巻き込むだけのパワーがあるクライエントの場合、提案の結果を確認する方法まで面接で共有することはあってもいいのではないかと思います。

また、ＰＳＷが具体的な提案をしたり、それを確認するための方法を提示したりできるのは、ＰＳＷが所属機関の外でクライエントとかかわることや、多機関連携のなかでクライエントの生活について伺うことができるからです。面接以外でのクライエントとのかかわりや生活に関する情報から、ＰＳＷはクライエントの生活場面に応じた具体的な提案をすることを可能としています。また、その提案がクライエントの生活からずれるものだとしても、すぐに修正することができる状況にあります。

(3) 個人のニーズからグループのニーズへ

Ｄさんとの面接は、思わぬ方向に波及していきました。次の家族教室において、Ｄさんから保健所の職員に提案をしたのかについて直接教えていただけるかと思っていましたが、Ｄさんはなにもおっしゃられませんでした。ＰＳＷからベテランの家族グループのメンバーにそのことを尋ねてみました。メンバーからは、家族グループのなかではよい提案として意見が一致したが、保健所の職員には言えなかったと話されました。ＰＳＷからなぜ保健所の職員に話せなかったのかを尋ねると、Ｄさんは保健所の職員にはすごくお世話になっており、新しい提案をすることで、彼らに物を申しているように捉えられてしまったら困るため言えなかったとのことでした。

ＰＳＷは、この提案自体はＤさんとの面接をきっかけに始まったが、この家族グループのメンバーの総意であると捉えていることを伝えたうえで、メンバーひとりひとりにこの状況をどう感じているのかについて尋ねました。すると、あるメンバーから「変わるのって怖いんですよ」という言葉が出てきました。その後、続々とその意見に同意する発言が出てきて、参加したメンバーの全員がなにかを変えることや、変わることへの怖さを共有しました。これは家族教室の運営についてだけではなく、子どもとのかかわりや、自分が変わらなければならないことについても、やはり怖いという意見でした。このことから、DさんがPSWとの面接に持ち込んできたものは、家族教室の運営方法に対する悩みだけではなく、変わりたいけれども不安もあるという、ベテランの家族グループがもつ葛藤でもあったのだと理解しました。変わりたいという想いは膨らんできたけれど、変わることに対する不安もあり、どう舵を取ればいいかわからないというグループの想いが今回はこのように表現されたのかもしれません。

クライエント個人の面接を個別の面接としてのみ捉えるのではなく、そのクライエントがかかわるグループと関連づけて捉えることで、予想もしていなかったようなグループの声やクライエント個人の声が出てくる場合があります。面接のなかで話された内容は、クライエントの個別的なニーズというだけではなく、クライエントと似たような状況におかれているグループのニーズとも重なり、グループのなかで共有することでより、クライエントやグループのエンパワーメントにつながります。そのためクライエントのニーズをグループで共有できるような工夫も、PSWの面接には求められます。

(4) PSWが思っていることも話す

PSWはメンバーに対して「変わるのって怖いんですよ」という言葉が出てきた際に、それを共有することができている今の状況が、とてもうれしいことを伝えています。またＰＳＷからは、このメンバーが保健所の職員に対して、自分たちの提案を伝えていくということ自体が、このグループにとって必要であることも伝えました。保健所の職員がこの提案をされた場合、参加者とどうしたいか検討をすることはあっても無下に断ることはないこと、断られたとしても、家族としては家族教室の運営の仕方で困っていることを伝える機会になり、その対応を一緒に考えるきっかけになることも説明しています。さらに、地域が違うＰＳＷを引っ張ってこられるだけのパワーが、この家族グループにはあることも付け加えています。

そのうえで、この提案をすること自体に意味があるように思えて仕方がないこと、なぜならそれを伝えることによって、メンバーが少しではあるけれど、変わるということに対する抵抗が和らぐような気がするためといったことも話しています。そして、「このままでいいんですか？」「どうしましょうか？」と投げかけました。ＰＳＷが率直に思っていることを話すことは大切です。もちろん、時と場合によりますし、このグループに対して率直にＰＳＷの想いを話すことができたのは、この家族グループであれば受けとめられると判断したからです。このグループは10年以上活動が続いており、この地域の家族会を運営したり、メンバーのなかには独自でひきこもり当事者のグループを実施したりする方もいます。こうしたグループの力についてのアセスメントもしたうえで、ＰＳＷが思っていることを率直に話す場面も必要ではないかと思います。

(5) 苦しいことや困っていることも聞くけれど、それをどうしたいかも聞く

こうしたやりとりを経て、Dさんが次の保健所の家族教室の前に、自分が保健所の職員に伝えてみる、と言い出してくれました。その際にDさんは「PSWは苦しいことや困っていることも聞くけれど、それをどうしたいかも聞く」と笑顔で話してくれました。ほかのメンバーもDさんが提案する際に同席をするということになり、次のベテランの家族グループのときに状況を聞かせてもらうことになりました。結果としては、保健所の職員に提案すると、その日の家族教室で参加者と検討をし、すぐさま採用されたとのことでした。メンバーは一同に、「すごく簡単なことだった」とうれしそうにおっしゃっていました。

今回、この家族グループが保健所の職員に提案をするということを通して、メンバーひとりひとりが変わることへの怖さと対峙する体験が少しでもできたのではないかと思います。ひとりひとりのメンバーは変わることへの怖さを内的に持っていますが、ソーシャルワークではその内的な状況を扱うのではなく、それが現実の言動として表れたものに対して、具体的に取り組むことが求められています。

8 おわりに

最後は、個別面接からテーマがずれてしまいましたが、PSWの面接が個に焦点をあてるだけではなく、それをグループとの連関のなかで捉える必要性があることを提示したかったため、取

り上げました。また、Dさんの「ＰＳＷは苦しいことや困っていることも聞くけれど、それをどうしたいかも聞く」という言葉は、ＰＳＷがクライエントの伴走者という意味にもとれるのではないかと思います。伴走者は、苦しいときや困っているときはゆっくりと話を聞きます。そして、少しずつ動き出せる力が湧いてきたときには、「まだ休む？」「それとも少し歩く？」「どっちに行く？」などと具体的な話をしながらともに歩んでいきます。この事例において、ＰＳＷが伴走者となれているとは言いがたいですが、ＰＳＷは面接を含むすべての援助活動において、クライエントの状況をアセスメントしながら、「どうしていく？」「どうしたい？」と率直に投げかけられる関係作りが求められます。

本章を読まれた方のなかには、ＰＳＷはクライエントがなにかを決めていくことを求めていたり、ＰＳＷがその方向を意図しているように捉えられる方もいらっしゃるのではないでしょうか。今回は面接の場面を切り取ったことによって、そのような誤解を生じさせている可能性がありま す。しかし実際には、面接場面の外ではクライエントがＰＳＷをサポートすることも多くあり、助け－助けられる関係が背景にあります。そうした関係にもとづいて実施している面接の一部を切り取ったということをご了承ください。

今回は、30分の面接がテーマであったため、クライエントとＰＳＷの対話については取り扱えませんでしたが、今後、ＰＳＷの面接においては、クライエントとの対話が必要不可欠であることがより強調されるようになります。筆者もクライエントと対話ができているかといわれれば、正直できているとは言いがたいですが精進していきたいと思います。また、筆者は面接の最後に、クライエントに対して「なにかほかに言っておきたいことはありませんか」と尋ね、なにもなければ面接を終了することも付記しておきます。とりとめもない内容ではありますが、本章が読者のみなさんの一助になることを願っています。

〔謝　辞〕
本章の一部の事例は、JSPS科研費若手研究「ひきこもりの若者を対象としたソーシャルワークにおける仮説モデル構築に関する研究」（研究代表者：安藤佳珠子、研究課題番号 18K12984）の助成を受けて行ったものです。
最後に、本章の執筆に協力してくれた関係者のみなさまに感謝いたします。

第8章　看護師の立場から

舞弓京子

1　はじめに

看護師は、日常生活のなかで患者と話をします。構造化されたカウンセリングとは異なり、患者の生活空間で自然に話を聴いていきます。本章では、看護師が日々短い時間のなかで、どのように対象を理解し、信頼関係を構築しようとしているのか、効果的だと思われた経験や工夫していることについてご紹介したいと思います。

2　患者理解と信頼関係構築の工夫

(1) 看護師は「生活」からはいる

病棟看護師の仕事は、朝の申し送りから始まり、その日受け持つ7～8人の患者のタイムスケジュールの把握、情報収集、検温、内服の確認、食事や排泄、入浴の介助、検査の付き添い、そして記録と切れ目なく多岐に渡ります。さらに、安全管理などのさまざまな病棟業務が割り当てられており、1日が目まぐるしく過ぎていきます。

朝の検温時に患者1人と話をする時間は5～6分くらいですが、これが1日を始める貴重な時間となります。看護師の〝看〟という字は、〝手をかざして目で見る〟と書くように、手で脈を取りながら五感を使って、まずは身体のアセスメントをし、食事や睡眠などについて尋ねながら精神面もアセスメントし、なにか心配な点があればゆっくり話をする時間を作ります。入浴介助や検査の付き添いなど、日常のあちらこちらで少しずつ話す機会があり、初外泊や退院カンファレンス、家族面接などなにかその方にとって重要なイベントがある前後はとくに注意して話を聴く時間を作ります。

なかにはコミュニケーションがとれない方や、拒否や攻撃的態度をとられる方、表面的な話しかしない方など、対応の難しい方がいますが、毎朝身体の状態を見、話しかけ続けるうちに、絡まっているものがほぐれるように、少しずつ話ができるようになります。「生活」についての会話は、患者自身にとっても必要不可欠なもので、気負わず話すことができ、より深いコミュニケーションへとつながるように思います。

また、生活空間にともにいることは、患者自身も気づかない小さな変化に気づくことができます。患者のなかには、「入院してもなにも変わらない」という人がいますが、看護師が患者に生じている小さな変化を伝えることで、患者が回復に向かって進んでいる手応えのようなものを感じはじめるきっかけとなるように思います。AがBになるというような大きな変化を望んでいると、「なにも変わらない」ということになります。精神科領域における回復とは、小さな変化の積み重ねによる自己成長もあると考えます。今までとは違うものに「変わる」のではなく、今までの自分を土台にし〝伸びていく〟〝成長していく〟ということではないだろうかと思います。

患者はよくなりたいと思い入院してきます。もちろん入院させられたという方もいますが、なにかしらよくなって早くもとの生活に戻りたいという気持ちがあります。しかし、入院が長期化すると退院への気持ちが萎えてしまい、回復への意欲も低下してきます。看護師は医師にも患者の小さな変化について報告し、双方が正確に状況を認識できるよう橋渡しをする役目があります。患者がもともと持つ力を信じて、諦めず、一緒に伴走するような存在になることが心地よい、安心できる関係になるのではないかと考えています。

また、診断がつき、治療が始まると、生活が治療中心になります。患者の健康的な側面に目が向けられず、話題は薬の効果や副作用、病識の有無、ストレス対処法など、退院までに新たな知識や行動を習得することが求められます。

余談ではありますが、執筆時点である二〇二〇年五月現在、新型ウィルスの感染拡大という未曽有の事態が続き、2ヵ月近く外出自粛などの制限がかかり、自宅にとどまる生活を余儀なくされてました。ニュースでは毎日のように、治療薬や感染者数、死亡者数が報告され、新しい生活様式や生活習慣を変えるよう繰り返し報道されています。ふと、入院するとはこういう状態なのではないかと思いました。移動制限などにより自由を束縛され、話題は病気のことばかり、友人や家族とも会うことができない。入院中はリモート会話などできるはずがありません。孤独でこの先どうなるのかわからない不安を身をもって体験しました。新たな習慣や新たな価値観といわれても、長年培った生活を変えるということは容易ではなく、脅威にもなります。看護師は入院生活のなかでも、患者がその人らしい側面を保ちつつ生活できるよう、支える存在でなければとあらためて思いました。これまで回復に向けて認知や行動変容などを患者に求めてきましたが、患者の価値観、信念や習慣をよく知ったうえで、そこに新しい知識や行動がどうすればうまく融合できるかを考える必要があるのではないかと考えました。

(2) 役割を変化させる

看護師は、患者の入院から退院までのあいだで、段階的に変化していく関係性のプロセスにも関心を向けます。入院したばかりで、普段の生活から離れ、病棟といった新しい環境で生活を始める時期と、試験外泊が始まり、現実に直面化する退院が近づいた時期とでは、患者のニードはまったく異なるからです。

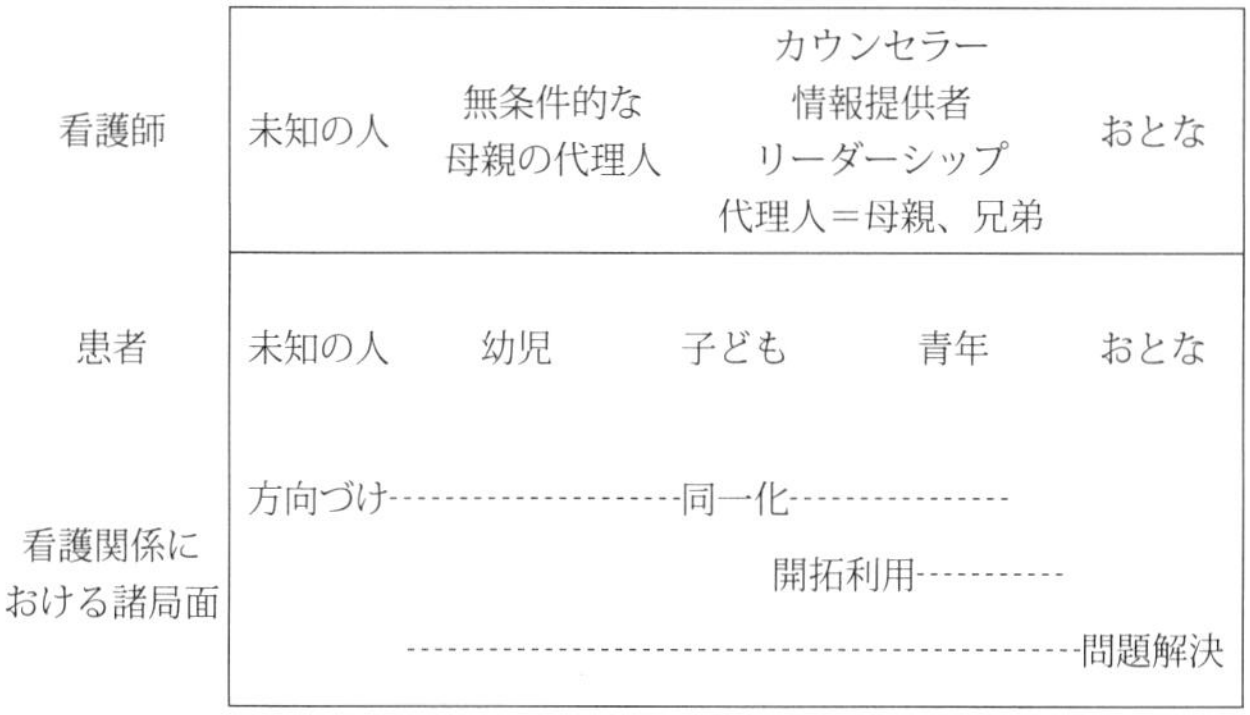

図１　看護師－患者関係における諸局面と役割の変遷（Peplau〔1973〕より）

看護師がかならず学ぶ看護理論があります。それが、アメリカの看護理論家ペプロウ（Peplau, H.S.）による著書『人間関係の看護論』です。ペプロウは、精神医学者サリヴァン（Sullivan, H.S.）の影響を受け、看護における〝観察〟の重要性を説いています。この著書のなかで、入院から退院までのプロセスを、看護師－患者関係をもとに４つの局面で説明しています（図1）。この４つの局面は少しずつ重なりながら移行していきます。また、患者が回復に向けて自立していく過程を、幼児から大人へと成長する過程にたとえ、患者の成長に応じて看護師がどのような役割をとるかを示しています。

入院時、看護師は患者とお互い〝未知の人〟として出会い、患者が自分の問題を認識し、これからどうしたらよいかを理解できるように働きかけます。これを「方向づけの局面」としました。

次に、患者は自分のニードを満たしてくれる看護師を探し同一化するようになります。この「同一化の局面」では、患者は慣れない環境のなか、ニードを満たす人を求めることから〝幼児〟のようであり、看護師はニードに応えようと〝無条件的な母親の代理人〟のような役割をとると説明しています。わからないことを尋ね、それに応じるといったこの段階を経て、患者は幼児から、〝子ども〟や〝青年〟へと成長していきます。

患者は環境にも慣れ、主体的に考え自分に必要なサービスを活用しようと行動をとりはじめる「開拓利用の局面」を迎えます。看護師は情報提供やリーダーシップの役割をとります。しかし一方で、患者は不安や葛藤を抱えることもあるため、看護師は、カウンセラー、母親や兄弟の代理人といった役割をとり、自己洞察を促し、こころの安定に努めるよう行動します。

さまざまな努力の結果、患者みずから退院に向けて目標を立て、実行していこうと行動する「問題解決の局面」を迎えます。自立した〝おとな〟へと成長し、看護師は患者の自立を認め対等に大人としての関係性に立つと説明しています。つまり、患者との関係性は、相互作用により成長し、看護師も画一的なかかわりではなく、その役割を変容させていくことが望まれるわけです。看護師自身も、さまざまな患者とのかかわりを経て、専門職としての成長を遂げます。患者の話を聴くとき、いつもこのプロセスを指標のひとつとして活用しています。もちろん、入院から退院へのプロセスは直線ではなく、行きつ戻りつの波形を描くときもありますが、入院している患者がプロセスのどのくらいのところにいるのか、看護師としてなにを求められているのかを考えながら話を聴いています。

(3) 発達に応じたアプローチをする

患者の話を聴く際に、「発達」という枠組みは、もうひとつの指標となります。これは、対象の背景をイメージするためにとても有効です。発達段階といえば、エリクソン（Erikson, E.H.）の8段階からなる発達理論が有名ですが、これを基盤にした服部の著書『生涯人間発達論』で示される10段階の発達図式（図2）が、実践現場でとても役に立っています。とくにエリクソンとは2カ所異なる点があります。

1つめは、思春期と青年期を区分した点です。服部は思春期（12〜18歳）と青年期（18〜22歳）を区分しています。思春期の発達危機を「自己中心性 対 孤独感」とし、人格的活力を「夢」としました。思春期の中高生は、大人に対して批判的な意見を持ちつつ、ふと湧き上がる孤独感に押しつぶされるような感覚など、ようやく自分の内面に注目しはじめる繊細で敏感で、不安を抱えた時期です。病棟のなかでは、同世代の仲間と一緒にいることが多く、なかなか話をゆっくり聴くということにはなりませんが、彼らがよく参加する作業療法などの活動に参加し、同じ時間を過ごすなかで、共通の話題ができ、少しずつ距離を縮めていくことができます。話題を選ばずさまざまな話をするうちに、ある日大切な話を唐突にしてくれることがありますので、そのときにしっかりと時間をとって話を聴いていきます。患者の考えや気持ちを少しずつ聴き、受けとめていきます。そして時折、夢についても尋ねてみます。夢の話は不安や孤独な気持ちから少し離れることができるようです。

青年期の人たちは、現実的かつ具体的な話をすることが多いように思います。社会人、または

エリクソン（1951）の発達図式

年齢	life cycle	developmental crisis	virture
65	Ⅷ maturity	ego integrity vs. despair	wisdom
30	Ⅶ adulthood	generativity vs. stagnation	care
20	Ⅵ young adulthood	intimacy vs. isolation	love
12	Ⅴ puberty and adolescence	identity vs. role-confusion	fidelity
6	Ⅳ latency	industry vs. inferiority	competence
3	Ⅲ locomotor-genital	initiative vs. guilt	purpose
1	Ⅱ muscular-anal	autonomy vs. shame, doubt	willpower
0	Ⅰ oral-sensory	basic trust vs. mistrust	hope

服部（2010）の発達図式

人生周期	発達危機	徳（人格的活力）
Ⅹ成人後期	統合性 対 絶望感	知恵
Ⅸ成熟期	同一性再確立 対 消極性	自信
Ⅷ成人中期	生殖性 対 停滞性	世話
Ⅶ成人前期	親密性 対 孤立性	愛
Ⅵ青年期	同一性 対 役割の混乱	忠誠心
Ⅴ思春期	自己中心性 対 孤独感	夢
Ⅳ学童期	勤勉性 対 劣等感	有能感
Ⅲ幼児後期	自発性 対 罪悪感	目的
Ⅱ幼児前期	自律性 対 恥・疑惑	意志
Ⅰ乳児期	基本的信頼感 対 不信感	希望

図２　エリクソンと服部の発達図式の比較

大学生や専門学校生など、将来の方向性が決まり、少し感情の揺らぎが落ち着いているように感じます。どうしたらよいかと意見を求められることもあるので、まずはどうしたいのかと患者の考えを尋ねてから、意見交換をするようなかかわりが多いかと思います。思春期も青年期も学校や家庭が生活の場になります。親や友人関係から生じる葛藤を取り扱うことが多いように思います。

2つめは、服部は30～50歳を成人中期、50～65歳を成熟期と表現しました。成人中期は、社会でも家庭でも中心的存在です。職場では、中核となって現場を動かし、いろいろなものを生み出し、後輩を育てる役割を担います。家庭でも、妊娠・出産・育児と家族を産み育てることが生活の中心となります。しかし、成熟期になると、社会では管理職など全体を俯瞰してみる立場になり、退職という終わりを意識するようになります。また、女性は更年期で閉経を迎え、身体的不調も伴いながら、家庭においては、子育てもひと段落し、子どもが巣立ったあとの喪失感や新たな夫婦関係などの問題に直面していきます。さらに親の介護や死を通して、〝老いる〟ことについて実感しはじめる時期になります。

あらためて、これまでの自分とこれからの自分という「同一性の再確立」が求められますが、年齢的な問題から新しいことに踏み込むことができず「消極性」という危機も伴います。しかし、思春期に始まった同一性の確立とは異なり、いろいろな経験を積み重ねてきたことによる「自信」が人格的活力となりこの時期を乗り越えていくことを可能にしています。

ですから、成人中期の方の話を聴くときには、多忙な生活のなか入院することにより、焦燥感や不安が強く、落ち着かない状況になってしまうことがあります。休養の必要性やゆっくりと今の状況を整理することができるよう話を聴いていきます。成熟期の方の話を聴くときは、経験してこられたことについて、教えを乞うように聴いていきます。話をたどることで、喪失や加齢への不安より、自分が今まで培ってきたことを確認する機会になり、「自信」を持つことが安心の一助となると考えています。

話を聴く側の年齢も影響しますが、その人の年齢、発達的側面を考慮して話を聴くことは、患者を理解するために重要だと思います。

(4) 情報を確認する

私たちは話を聴く際に、自分自身の経験や想像力を駆使して、頭のなかでイメージを描きます。これからお話するケースは、そうしたイメージの違いがもたらした出来事です。

Aさんは40代後半の男性で、統合失調症の患者さんでした。思春期に発症して、長年外来通院をしていました。年老いたご両親と山深くの小さな村で暮らしており、家業を手伝いながら生計を立てていました。しかし、ご両親が相次いで亡くなり、幻覚、妄想が再燃し、日常生活が営めなくなってしまったため入院となりました。入院してからは、医療スタッフやほかの患者さんとも話すことはなく、毎日、病室のカーテンを閉め、読書をして静かに過ごしていました。見舞い客はありませんでした。

入院して2ヵ月半が経過し、症状もコントロールでき退院の話が出始めた頃のことです。話す時間を作るものの、口数は少なく、なかなか関係性が深まりませんでしたが、毎朝の検温のときに話すうちに、散歩に誘ったりできるようになり、オセロや将棋をしに、デイルームまで出てこれるようになりました。なにかをしながらだと、少しリラックスができて話がしやすいようでした。

主治医は、住所から推察するにご自宅は交通の便が悪く、日々の生活に困るのではないかと考えたようでした。人とのかかわりも少ないように見えたことから、田舎で一人暮らしをするのは難しいと考え、交通の便がよい町なかにアパートを借りて、デイケアに通うよう勧めていました。しかし、Aさんは、頑なにアパートもデイケアも拒否し、自宅に帰ると主張されました。看護側も年齢的な問題やなにかしら社会とつながることが必要だと、主治医の意向を支持し、Aさんを説得するように話をするようになりました。ようやく和らぎかけたAさんでしたが、部屋に閉じこもる生活に逆戻りしてしまい、誰とも話さなくなってしまいました。その後も退院をめぐって、平行線をたどり、徐々に独語が増え、幻聴が聴こえるようになり、落ち着かなくなりました。

あるとき「家に帰りたいだけなんだ！」と強く叫ばれたので、精神保健福祉士とも話し合い、1度ご自宅に家庭訪問に行って確認してみてはどうかと提案しました。Aさんはその提案を受け入れ、家庭訪問には医療スタッフが同行しました。ここからは同行した医療スタッフの報告です。

Aさんのご自宅は、たしかにバスもあまり通っていない奥深い山里でしたが、何代にも渡り受け継がれた立派なご自宅でした。到着するとすぐにAさんは裏から家に入り、玄関をあけて招き入れてくださいました。その立ち居ふるまいが礼儀正しく、日頃のAさんとはまったく別人で、居間に通され、美味しいお茶をごちそうしてくれました。自宅のまわりは意外にもにぎやかで、コンビニやスーパーもあり、訪問中に親戚の方がお見えになりいろいろと話をしてくれました。

見舞い客がなかったのは病院まで交通の便が悪く、近所に何人か親戚はいるものの全員ご高齢で、見舞うことができなかったからだそうです。親戚は行事のたびに集まっているということでした。帰院後、さっそく主治医に報告し、Aさんも参加し話し合いが行われ、近所に住む親戚の方にキーパーソンになっていただき、ご自宅で訪問看護を活用しながら生活することになりました。

患者が多くを語らないとき、少ない情報からイメージを膨らませます。そこには思い込みや先入観といったものが含まれる場合があります。精神疾患を考えるうえで、患者の話は患者にとっての事実だと認識はしていますが、その話が実際とは異なることも少なくありません。このケースは数少ない情報から、患者が孤独になり生活ができなくなるようなイメージが医療者側にできてしまった結果生じたことでした。

精神疾患をもちながらの一人暮らしは、本人の意思だけでできるものではありません。環境が整い、患者自身の生活能力が伴わないと自立することは困難です。看護師としては、患者の言葉を重視しながらも、正確な情報をできるだけ収集し、客観的にアセスメントすることが重要なのだと考えます。ゆえに、イメージだけで判断するのではなく、日々の生活のなかで観察していることや、家族、関係者からの情報など、よりくわしく情報を確認することが、患者理解に不可欠であると考えています。

(5) 感じたままを伝える

思春期のB子さんは、壮絶な母子関係の末に祖父母に引き取られましたが、不登校、家庭内暴力、自傷行為と感情をコントロールすることができず入院となりました。普段は明るく快活で、同年代の患者と一緒に楽しそうに過ごしていました。しかし、主治医との面談後は、大声をあげたり、壁を叩いたり、いすを蹴飛ばしたりと怒りを露わにし、落ち着くまでに長い時間を要しました。主治医は、B子さんが感情的になったことで行動制限を増やし、その結果ますます双方の溝は深まり、手がつけられない状況になりました。食事を拒否し、布団にくるまり、話そうとしない日々が続きました。

そんな険悪な時間が流れていたある日、回診のときの出来事でした。「体調はどうですか？」と回診担当の医師に尋ねられると、B子さんはベッドで正座をし、背筋をピンと伸ばして、しっかり相手を見ながら話しはじめました。入院して考えたこと、怒りはとめられないが、とめたいと思っていること、しばらくは生活する力がないので祖父母の世話になり、早く自立して落ち着きたいことを丁寧に述べました。このとき、同席していた私にとって、彼女の言葉は宣誓のように響きました。

回診が終わったあと、急に不安になったのか、うつむいて頓服薬を取りに来た彼女に、今まさに伝えたいと思い、「素晴らしかった。考えていることがよくわかった」と感じたままに伝えると、表情はぱっと明るくなり、とても緊張したこと、気持ちを整理しないとまた爆発しそうだったこと、祖父母が厳しく本当は帰りたくないことなどを、ナースステーションのカウンター越しに語ってくれました。このように、今伝えたい、伝えなければということが看護師のこころのなかにも起こります。普段は大騒ぎになってしまうB子さんがいつもとは違う方法で、自分の気持ちを表現したのです。このことを誰かがきちんと受けとめ、返さなければ、彼女のせっかくのチャレンジがうやむやになってしまうという思いでした。これをきっかけに、いろいろな話ができるようになりました。そのあとも何度か主治医とのトラブルはありましたが、以前のように爆発するという感じではなく、なにかしらの想いを言葉で伝えようと努力していました。周囲をシャットアウトする時間も短くなってきました。

精神看護では、タイミングが大切だと思う瞬間があります。しばらく時間が経つと、忘れたり、解釈が変わってしまったりすることがあります。お世辞や賛辞ではなく、正直に感じた気持ちを感じたままに伝えることが人間らしくもあり、役割という壁を取り払った素直な気持ちとして患者に伝わるときがあると思います。

(6) 書いて共有する

ある程度ゆっくり話す時間が取れたときは、紙に書きながら話を聴くようにしています。これは看護師の誰もが行っている方法ではなく、私個人の話の聴き方です。話を聴くときはこの方法を使います。患者とのあいだに白紙のＡ４用紙をおき、語られる内容からキーワードを書くようにしています。言葉を「おいておく」という感じです。とくに決まりはありませんが、患者にも見やすい大きさで、自由に書いていきます。患者には「メモを取りながらお話を伺っていきますがよろしいですか?」と許可を得ます。たいていは許可してもらえます。抑うつ状態や、混乱状態にある場合は用いませんが、話ができる方には使います。最初はなにが始まるのかと怪訝そうにされますが、慣れてくると、患者みずから指で言葉を指し示しながら話してもらえます。書きながらですが、聴くことに集中します。

まず、1番話したい事（テーマ）について書きます。「イライラする」と言われたら、「イライラ」と語気を反映させて大きく書きます。あとは簡単に5W1Hで、誰が、いつ、どこで、なにを、なぜ、どのようにというように、状況がイメージできるように話を聴いていきます。

次に、患者の気持ち（感情）や、考え（思考・認知）を尋ね、矢印で方向性を示したりしながら書いていきます。患者のなかに生じる漠然としたものが、質問によって引き出され、それを紙に書く、つまり文字にして可視化することによって、内面を外在化する作業です。自分と紙との距離が、自分のことでありながら、第三者のような感覚、つまりは客観的に大観することを可能にします。患者と行うこの共同作業は不思議な連帯感が生じると同時に、話のプロセスもたどれることができ、内容を確認しながら深く話が聴けるように思います。セラピストが手もとのメモを書きながら話を聴くというスタイルや、医師が電子カルテを入力しながら話を聴くというスタイルは、患者としては書かれている内容が気になったり、書くスピードに気遣いながら話したりするので、集中できないという人もいます。

ひと通り話が終わったところで、書いたものを一緒に眺めます。そして、気になるところや何度も繰り返しているところ、強調していたことなどを見つけ、そのことについて尋ねると、患者はさらなる説明を加えてくれます。そういうやりとりの末に、患者、看護師ともに「なるほど、そういうことなのかと」と感じることで、共感的理解に近づくのではないかと考えています。

書かずに話を聴いていたときは、なかなか主訴から離れられず、患者の混乱の渦に巻き込まれたり、なんと応えようかと考えていたり、大事なことを聴き逃してあとから後悔するなど、半分も話が聴けていませんでした。書くことを始めてからは、雑念が振り払われ、余裕をもって相手の話に集中することができるようになりました。書くことで、患者が自分のこころのありように気づく、これだけでも大切なことなのではないかと思っています。

3　看護師にとってカウンセリングとは

これまで、精神科における看護師の立場から、患者を理解し信頼関係を構築するために工夫していることなどについて述べてきました。ここであらためて、看護の現場で行われるカウンセリングについて考えていきたいと思います。カウンセリングは基本的にはクライエントとの継続した関係性のなかで実践されるものです。しかし、看護師は勤務形態が不規則なため、継続的にかかわることができても、コンスタントに話す機会を持つことが難しいと思います。そうした状況のなか、カウンセリングの必要性があり、継続して話を聴いていくというかかわり方をしたケースがあるのでご紹介します。対応が困難なケースとして相談を受けたケースです。

Cさんは20代女性で、解離性障害と診断され、意識消失発作、自殺企図により5回目の入院となりました。相談に来た看護師はCさんのプライマリーナースでした。プライマリーナースとは、1人の患者の入院から退院まで全期間を通して継続的に受け持つ看護師のことです。Cさんは、幼少期より家族からの虐待など多くの問題を抱えた環境で育ちました。看護師は、Cさんのことを「つかみどころがない」「どう接したらよいかわからない」と困惑していました。

Cさんの生育歴や現病歴、日頃の会話や行動、対人関係などを丁寧にアセスメントした結果、「Cさんにとって安心できる存在がいないのではないか」ということに気づきました。そこで、信頼できる安定した関係性が必要だということになり、プライマリーナースがその役割を担うことになりました。看護チームや主治医にも許可と協力を得て、間隔は不規則ですが週1回日勤が終わる前に30分ほど時間を作り、話をするようにしました。しばらくは雑談をするくらいでしたが、少しずつ仕事のことや、家を出て自立したいといった話ができるようになりました。

プライマリーナースが、あるとき会話のなかで「Cさんはどう思うのか？」と自己洞察を促進するよう尋ねると、「いつも自分がどうしたいかってよくわからなくなる」という返事だったそうです。Cさんは家族のいうままに家事や仕事をせざるをえない状況で、あまり自分がどう思うのかなどを考えることがなかったようです。以降、面接ではCさん自身の考えを形にしていく作業から始め、認めたり、修正したりし、伝えるという練習をするような会話が退院まで繰り返されました。

Cさんの一人暮らしは、家族の猛反対にあいましたが、さまざまなスタッフの協力のもと、ようやく家族の了解を得ることができました。無事に一人暮らしを始め、再入院することもなくなりました。Cさんのケースのように、安定した関係が必要な場合、ひとりの看護師が不定期ながらも継続して話す時間をとっていくことは大切だと思います。時間を有効に活用するためには、情報を集め、整理し丁寧にアセスメントすること、カウンセリングのなかでの患者の反応をアセスメントし、カウンセリングの方向性がよいか確認しながら実施していくことが大切です。

また、岩壁は「カウンセリングは対人援助であり、テクニック・技法が効果的に使われるためには、良好なコミュニケーションを可能にする対人関係が基盤となる」と述べています。看護師自身がカウンセリングをすること以外に、医師や心理職がカウンセリングを有効に実施できるよう環境を整えることも重要な役割だと考えています。日頃から、医療者と信頼関係ができるよう調整したり、心理職等によるカウンセリング後に生じる患者の心のなかに生じる〝揺れ〟や自己洞察するプロセスに寄り添うような多職種連携の一翼を担うことが多いのが現状です。

4　おわりに

看護師は、生活の場にいるからこそ見えること、わかることがあるとはいっても、患者のこころのなかのことは見えないことも多く、心理職などほかの専門職との連携は欠かせません。各職種が相互理解を深め、お互いを活用し合うことが、患者により多くの利益や選択肢をもたらす可能性があると感じています。この貴重な機会をいただいたことに感謝し、みなさまには臨床現場で是非、看護師とコミュニケーションをとって、患者の回復に向け協働していかれることを切に望みます。

III

事例でわかる！
事例がわかる！

第9章　医療現場での30分カウンセリングの実際

坂東和晃・上田勝久・細澤　仁

1　はじめに

筆者が大学院を修了した頃は、カウンセリングとは50分で行われるものだと思っていました。大学院で初めて担当した実習ケースでも、大学院修了後に勤めた職場でも毎週50分の個人面接がスタンダードな形であり、そのリズムに自分をなじませようとしてきました。北山（2017）は、その著作のなかで、週1回の心理療法が日本の精神分析の主流であり、「つながり」優位の日本文化のなかで濃厚な人間関係に辟易しているクライエントにはちょうどよい設定ではないかと示唆しています。精神分析に限らず日本で心理臨床を営むとき、週1回の頻度で面接を行うことは1つのスタンダードな設定として考えられてきたように思います。

しかし、その後、働く職場が変わったことで、さまざまな事情から毎週50分のリズムを確保できなくなっていきました。たとえば、学校現場にスクールカウンセラーとして入ってみると、そこでは教科教育が最優先事項であり、児童生徒の教育機会確保の観点から、なるべく授業時間外での対応が求められます。必然的にお昼休みや放課後などの限られた時間内での対応が多くなり、カウンセリング希望者が増えれば1人あたりに割ける時間数は少なくなります。そのため、1回の面接時間の短縮や頻度の低下、グループ面接の導入といったように手法を変えて対応することになります（学校現場での実際については6章と10章で詳しく紹介されています）。こうした外的な要因による支援方法の変更は医療現場でもみられます。

2　医療現場における心理士とは

医療法によれば、医療機関とは病院や診療所、介護老人保健施設、調剤薬局などを指しますが、そのなかで心理士が働いているのは病院や診療所がほとんどで、とくに精神科や心療内科を中心に雇用されています。本章では筆者の経験から、精神科クリニックについて述べていきます。

医療現場で求められる心理士の仕事としては、心理的アセスメントが第一に挙げられます。精神科や心療内科、小児科などでは医師による診断業務の補助として心理的アセスメントが活用されているからです。そうした必要性が認められ、心理検査には診療報酬制度による保険点数が与えられ、医療保険制度の枠内で提供することができています。そのため心理士の働き方としては、心理検査の実施にかかる時間が多くを占めており、残った時間のなかでカウンセリングへの対応を求められることになります。複数人の心理士がいる現場であれば、検査担当と面接担当という役割分担が可能かもしれませんが、心理士が1人しかいない職場もあります。また、心理士は非常勤スタッフであることが多く、限られた勤務時間内はひたすら心理検査とカウンセリングの実施に追われるということも珍しくはないでしょう。

こうした多忙な日々のなかで、毎週50分という構造で面接を実施できている現場はどれほどあるのでしょうか。筆者も心理検査を実施する傍ら、2週間に1回30分という形でなければカウンセリングを提供できない現場の状況を目のあたりにしました。カウンセリングを希望する患者が多いことや、医師の診察や心理検査などのほかの業務との兼ね合いを考えると、そうするよりほかにないという現実がありました。毎週50分というリズムに慣れていた筆者にとって、隔週30分というリズムはなんとも心許なくか細い時間であるように感じられ、またみずからの力量不足もあって、これは果たしてカウンセリングなんだろうかと悩みました。クライエントに不十分なものを提供しているのではないかという疑念があったのでしょう。

しかし、果たして毎週50分こそが「よい構造」であり、厳守しなければならないものなのでしょうか。小此木（1990）の提唱した「治療構造論」は、特定の治療構造を厳守することではなく、セラピストとクライエントのあいだで気づかれないうちに形作られる関係性の構造と、その意味に気づいて対応していく技法とを含むものです。つまり、関係性の構造はその外側にある構造（外的構造）の影響を絶えず受けていることを理解して面接にあたることの必要性を説いたものです。であれば、週1回50分という構造を厳守するのではなく、隔週30分という構造やクリニックという構造が、セラピストとクライエントの関係性にどのような影響を及ぼすのか、そのことを自覚しておくことがまずは求められるのでしょう。

本章の目的は、医療機関のなかで行われる2週間に1回30分という設定の実際を描き出すことです。その一例を示しながら、隔週30分という構造ならではの交流が生じるのかどうかを考えます。また、隔週30分という構造のもつ限界や難しさについても併せて考察していきます。

3 事例提示

精神科クリニックで行われた隔週30分のカウンセリング事例を提示してみたいと思います。ただしプライバシーに配慮し、本事例は複数事例を組み合わせたうえで、本質部分を除いて大幅に改変を加えていることをご承知おきください。

大学生Aは、授業に出席できなくなったことをきっかけに、筆者の勤めるクリニックを受診しました。初診時に看護師が聴取した問診票によると、夏休みを前に単位取得が危ぶまれたことで大学事務が家族を呼び出したところ、母親が「授業中、講師の叱責を目のあたりにした子どもが通えなくなったと聞いている」と大学の責任を追及しました。大学側との話し合いの場が設けられるなか、Aのケアを求める母親の勧めで受診となったようでした。A本人は不眠や抑うつを主治医に訴えたため、睡眠導入剤と抗不安薬が処方されていました。その後、服薬は続けていましたが、大学から足が遠のき休学にいたったとのことでした。その後の主治医との診察で「これまで対人関係で何度もつまずいてきた」と語ったことで、主治医から体験の整理のためにカウンセリングを受けてみるように勧められ、Aが同意したことで筆者と出会うこととなりました。筆者の働くクリニックでは、心理士の面接の時間は1回30分であり、主治医の診察との兼ね合いもあって、隔週の頻度と決められていました。

初回面接で出会ったAは「よろしくお願いします」と、声こそ小さいのですが、物怖じせずに筆者の目を見つめました。まずはカウンセリングを紹介された経緯について尋ねますと、Aはためらうような、考えるようなそぶりを随所に挟みながら、大学に行けなくなったことや母親や主治医からカウンセリングを勧められたことを途切れ途切れに語りました。Aの語りが抽象的かつ断片的であったこともあり、30分の時間のなかでは十分に理解できなかった筆者は「現段階ではまだよくわからないため、この続きを次回以降に聴かせてほしい」と伝え、Aは同意しました。

その後の面接でAは、中学でクラスメイトからいじめを受けたこと、高校に入っても対人関係が苦手で休みがちになったこと、そのときからずっと自分はダメだと思ってしまうことを話していきました。それでもなお、筆者のなかではAの語りは物語としてうまくつながらず、なかなか共感できないでいました。

ある面接のなかでAは「自分がダメだと思わないようになりたい」と希望を口にしましたが、話は広がらず、「30分だと時間が足りない」と弁解するように言いました。その次の面接の冒頭で「前から両親に勧められていたが、復学を視野に入れて大学の相談室にいってみようと思う」

とAは切り出しました。突然のことに筆者は驚きましたが、Aの口調が明るいような気がしたため「前向きに対処しようと思われたのですね」と伝えるとAは肯定しました。Aの通う大学は他県にあったため、地理的な問題からも復学後にこちらへ通い続けることは困難でした。その後、Aは主治医とも相談し、クリニックでの面接はひとまず終結することが決まりました。その次の面接では、うまくいかなかったらまた戻ってきていいことを確認しました。また、主治医から大学の相談室宛に紹介状を書いてもらい、Aに渡しました。

2カ月ほど過ぎて、Aから面接再開を希望する連絡が入りました。大学の相談室へ行き、毎週50分のカウンセリングを受けていたが、うまく話せずに中断したことで、復学は先送りにしたそうです。最初に診察を受ける必要があること、そして面接の目的について話し合う時間を設けたいことをAに伝え、来てもらうことにしました。

再開初回の面接に現れたAは、変わらずにまっすぐに筆者の目を見つめました。筆者とAは話し合い、以前に主治医から勧められた「これまでの対人関係での経験を話して、整理していくこと」を目的として設定しました。そして「うまく語れなくてもいい。わかってもらえない不安が生じても、それでも言葉にしようとすることが大切」とAに説明しました。不安が生じた際にそれを受けとめるための設定として、いつもと同じ時間、同じ場所で同じ相手と会うという変化の少ない構造を設定することの効果を説明し、隔週30分、決められた時間にカウンセリングを行うことで同意しました。

その後、時間をかけてAは生育歴と現病歴を語りました。その語りは断片的でしたが、筆者はそれを時系列に応じてつなげていくことを心がけながら聴いていきました。Aは幼少期より人とのズレを感じて孤独であったことや、大学では叱責されるほかの学生のつらそうな姿を見ることが苦しかったことなどを語っていました。10回ほど面接を重ねて、「話しても過去は変えられないが、それでも言葉にしてみてよかった」とAは振り返りました。

ある日の面接で、自宅で母親から叱られる際に折檻されていることを知人に話したところ、「手をあげられるなんておかしい」と言われて混乱し、手をあげられる自分は価値のない人間ではないかと思ったエピソードが語られました。さらにAは母親に自分の想いをぶつけましたが、母親が傷つく様子を見て抑うつ的になったそうです。この話を聴きながら、筆者のなかに1つの理解が生まれてきました。「怒りや憤りを感じると、あなたは自分のなかに罪悪感を覚えて落ち込み、怒りの相手から距離を取ることで自分を落ち着けているのでしょう。ここでも私に怒りを感じたので、中断していたのかもしれませんね」とAに伝えると、Aはじっと考え込んで、「自分はダメだという想いは罪悪感ではなく、もっと深くてもっと恐ろしいものだ」と言葉にしました。その面接の終わりに「今は30分がちょうどいいと思うようになりました」とAは言いました。

その後の面接では過去のことは話題にならず、近況が報告されることが多くなりました。大学を休学してひきこもりがちだったAの生活は、徐々に外へ出かけることが増え、旧知の友だちと連絡をとって会うようになりました。しかし、友だちとの会話でズレを感じると、「自分はダメだ」という感覚が生じており、そうしたときは帰宅後に自室にこもって静かに涙を流していると話しました。また、そのように泣いていると、涙する自分の弱さが実感され、さらに落ち込んでいくことが語られました。「これまでの経験を話して整理する」という当初の目的から、面接のプロセスには変化がみられており、再度目的について話し合いたいとAに提案しました。

話し合いの結果、「自分はダメだという想い」への対処法について具体的に考えていく面接を設定することとなり、面接のなかで考えた対処法をあれこれと試してもらいましたが、あまり変化はありませんでした。「またこのあいだも泣きました」というAの話を聞きながら、筆者はどこかバツが悪いような、やんわりと責められているような居心地の悪さを感じていました。この感覚がAのいう「自分はダメだ」という感覚なのだろうか、という仮説が筆者には何度か浮かんでいました。しかし、言葉にして伝えようという想いは湧いてこなかったため、その問いはそのまま筆者のこころにしまわれていました。その頃から、筆者はAはこころの動きを推察して「それは悲しかったのかな。それとも悔しかった？　こころが痛かった？」などと選択肢をいくつか投げかけるようになっていました。Aは吟味するような時間をおいてから「悲しかったのかもしれません」と答えたり、「いや、どれでもないですね」と話していました。

面接が始まって1年が経った頃に、浮かない表情をして面接に来たAは、迷いながら昨日の母親とのけんかについて話しはじめました。母親からの何気ないひと言に傷ついたAは、なにも言わずに自室へこもって1人で泣きました。「過去の経験から母親にわかってもらうことは諦めている」と語り、涙ながらに「傷つかないためにはどうすればいいんでしょうか」と筆者に問いかけました。それを受けて筆者はすっかり困ってしまいました。困っている筆者を見て、「わがままを言ってすみません」とAは言いました。「私を困らせてしまった自分はダメだと思っている？」

と筆者が聞くと、ふっと笑って「ダメだなあとまではいきませんが」と泣き笑いの顔を見せました。

その回以降の面接では、日常で他者とのズレを感じたときに「相手が悪いこともあると思えるようになってきた」と語るようになりました。そして、傷ついて1人でひっそりと泣くことが少なくなっていきました。また、ある面接ではこれまでの対人関係を振り返って、「傷ついていたのは自分が弱いからだと思ってきたが、自分は悪くなかったんじゃないか」と語りました。また、診察では「文字が頭に入るようになってきた」と主治医に語るなど、Aはゆっくりと、でもたしかに元気になってきていました。そして面接が始まってから2年が経った頃、中学校の同窓会に誘われたAはその出欠を悩みました。主治医の励ましの言葉に背中を押されて出席したところ、当時Aをいじめていた相手と出会いましたが、「相手が変な人だった」と思えたと面接で報告し、相手のことを嫌ってもいいのだと語りました。その後、Aは大学への復学を決め、面接は終結になりました。最後の面接で「ここでは否定されることはなく、安心して言葉を探すことができました」とAは話しました。

4 考察

まずは「語ることの不安」と「攻撃性」をテーマに事例を振り返ります。事例のプロセスについてはほかにもさまざまな観点から考察が可能ですが、本論の趣旨はあくまで構造と面接過程の関係についてであることから、それにかかわる範囲に限定しています。そして、「クリニック」

「隔週」「30分」という構造が面接過程に与える影響について考えてみたいと思います。

(1) 事例の振り返り

母親の勧めで来院したAは主治医に勧められてカウンセリングへとやってきており、カウンセリングではなにが起こるかよくわからない状況でした。当然、期待や不安が膨らみやすい状態であったと思われます。不安と期待の入り混じったAにとって、筆者はつらい過去の話を強いる悪い相手や、なにかしらの変化を与えてくれるかもしれないよい相手として体験されていたのでしょう。「大学の相談室に行ってみようと思う」というAの発言は、筆者がそのとき考えたように「なんとかしようという前向きな気持ち」の表れだったのでしょうか。このときの筆者はAの表面的な口調に気を取られており、「この30分面接では話をしても役に立たないだろう」というAの「攻撃性」やその奥にあったであろう「話してもわかってもらえないかもしれない」という不安をつかみ損ねています。ここでの対応のズレによって面接は中断となってしまいました。このように「攻撃性」が先走ってしまうと、それは対人関係を壊してしまうことにつながります。しかし「攻撃性」は決して悪いだけのものではなく、健康に作用すると自己主張の萌芽となります。Aは自分自身の攻撃性をうまく扱えておらず、対人関係のなかで持ちこたえられるだけの自己主張性を持つことが難しかったのでしょう。

その後、大学の相談室という別の構造でのカウンセリングへ移行したAでしたが、そこへ通い続けることはできませんでした。「毎週50分」という構造ではAにとって不安に耐えることが難しかったのかもしれません。それでも、クリニックでのカウンセリングを再開したAには「なんとかしよう」というモチベーションが生まれており、そこにAの健康な部分がみられます。そして、その後は2年に渡って筆者との面接を継続することができました。Aは面接のなかで、断片的だった語りをつなげていき、1つのまとまりをもった物語を形作っていきました。しかし同時に、Aにとって自分を語るということは、受け入れてもらえない不安を喚起される瞬間でもありました。Aのモチベーションの効果に加えて、「隔週30分」のように面接時間が短いということは不安に晒される時間が短いということであり、Aにとっては不安に耐えやすい構造だったのかもしれません。

ある面接で「傷つかないためのアドバイス」を涙ながらに求めたAに、筆者は具体的な方法を教えることができませんでした。迷っている様子の筆者に対してAは幻滅したのでしょう。それはわかってくれない母親への諦めに酷似しており、Aにとって受け入れがたい現実の痛みの再演でもあったと思われます。しかし、今回はAが「自分はダメだなあ」という罪悪感へいたることはありませんでした。また、最後の面接でAが「ここでは否定されることはなかった」と語っているように、筆者のズレは、Aにとっては否定された体験とはならず、人と人はわかり合えないこともあるという現実的な限界を引き受けることに寄与したようです。

(2) 構造について

本事例の外的構造を構成していたキーワードは「クリニック」「隔週」「30分」です。これらの構造が、面接過程にどのような影響を与えたかを考えていきます。

隔週30分面接という構造のひとつ外側には、クリニックという外的構造が存在します。クリニックは治療の場であり、そこでは基本的に医学的治癒である「キュア」が求められています。しかし、このところ医療現場でも抑うつ状態や強迫症状だけでなく、本事例のAのように不登校・ひきこもりや大人の発達障害など、対人関係におけるつらさを訴えて受診し、カウンセリングを求める声があります。そのような場合は往々にして投薬や症状軽減へのアプローチだけでなく、傷つきを癒す「ケア」の要素が含まれたカウンセリングが必要とされます。Aとの面接は、どちらかといえば大学で受けたこころの傷つきへの「ケア」が求められていました。もちろん「ケア」と「キュア」は二分化されるものではなく、実際にはそれらの入り混じった支援が展開することとなります。その後、Aは自分のことを語れるようになり、面接は徐々に「キュア」としての機能を果たすようになっていきました。

また、Aにとってはよい対象として体験されたであろう主治医の存在もまた、面接の外の構造です。Aは主治医の診察にも定期的に通っており、助言や励ましを受け、服薬も続けていました。筆者は折に触れて主治医と面接状況について情報共有を図りながら、医師と心理士の役割が重複しないようにお互いに協力し合うことを心がけていました。本事例では、主治医がマネジメントを行いながらAにアドバイスや励ましを与えるよい対象としての役割を果たしていました。一方、心理士である筆者がAの複雑化するこころの整理を担いながら、時に「わかってくれない母親」の役割を引き受けています。これは、現実面の管理者 Adiministorator と患者のこころに目を向けるセラピストTherapistを分けるというA－Tスプリットの仕組みをとっていたことになります。こうした分業構造による下支えによって、面接の安定性が確保されていました。

次に、30分という時間について考えてみます。本事例のAのように自分自身を語るということ自体が、クライエントの不安を喚起することがあります。30分という短時間の面接では、その不安に晒される時間が少なく、耐えやすい可能性については前述した通りです。しかし、だからといって不安にならないわけではありません。不安になったときにうまく扱えなければ、本事例の冒頭のように中断してしまうでしょう。不安の扱い方としては、じっくりとその不安を体験してもらって言葉にしていくという方法もありますが、30分という短い時間のなかではどうしても難しくなります。

本事例では、不安などのAの感覚について、筆者がいくつかの理解を先に提示して、Aに選んでもらう工夫がなされていました。言葉によって体験に「覆いをつくる」（北山，2017）ことは、くさいものにふたをして見ないようにするということではなく、むき出しの生々しい感覚を言葉で包むことで、体験に圧倒されないようにするということだと思われます。これは、こころの自我というパートが担当している機能ですが、うまく機能していないクライエントに対しては、セラピストによるサポートが必要でしょう。ただし、セラピストからの言葉の押しつけになってしまわないよう、いくつかの言葉を提示して、クライエントに選んでもらっていました。

最後に、隔週という低頻度設定について考察します。前回の面接から時間が経ってしまっているため、カウンセラー側は理解をつなげていくことが難しくなります。そのため、本事例の序盤にみられるように、自由に語ってもらうスタイルでは語りが拡散され、まとまりがなくなってしまいます。面接のなかでの話題をある程度限定することによって、クライエントの語りにまとまりが生まれます。また、隔週の頻度では面接外の時間が長くなり、クライエントは現実的な側面の影響を多く受けます。面接では日頃の出来事を振り返ってもらい、小さな変化やそれでも変わらない自分自身を確認することで、まとまった自己理解が生まれていくことでしょう。上田(2018)は隔週30分面接が奏功するためには、クライエントのこころの退行をある程度抑制し、こころの調節機能である自我を支持するアプローチを念頭におくほうがよいと述べています。中断のあとに再開したAとの面接からは、面接の話題をセラピストが明確に提示しており、話があちらこちらへ広がらずにすんだことで、Aのこころの退行が抑制されたと考えられます。

さて、ここまで「クリニックでの隔週30分」という構造について考えてきましたが、果たしてこの面接はクライエントの役に立っているのでしょうか。本事例でのAの洞察は十分であるとはいえず、今後の人生のなかでAが再び問題とぶつかる可能性は残されています。それでもAは元気になり、復学を果たしました。それには、筆者との面接のなかで、これまでは「自分はダメだ」としか理解されてこなかった過去を違う側面から捉え、語ることを通して「わかり合えない相手はいるのだ」と新たな理解を手にしていったからでしょう。それは、Aのこころのスペースが少し広くなったことを意味しています。Aの人生のテーマをとことんまで扱う(精神分析でいうところのワークスルーする)のであれば、高頻度設定の構造化された空間での探索的心理療法の出番となるのでしょうが、隔週30分という低頻度設定であっても、言葉によってクライエントの持つ人生のテーマに輪郭をつけることや、これまでのクライエントの自己理解に変化を促すことができるのではないでしょうか。

5 おわりに

「心理療法とは○○である」というセラピスト側の思い入れから、どんなクライエントであっても一律に同じ構造が導入されることが効果的であるかは、再考の余地があると思われます。本来的にはクライエントのパーソナリティ構造や抱える心理的テーマを十分に見立てたうえで、セラピストとクライエントとのあいだで有効な構造が選択される必要があるでしょう。そのためには心理士として提供できる技法の幅の拡大はもちろんのこと、その構造が面接過程に与える影響についての理解を持ちながら、適切な面接構造をマネジメントしていくことも求められます。また、職場内での理解を得て、さまざまな心理臨床的介入を柔軟に行えるよう、その下準備としての「耕しと治水の段階」(岩倉、2014) も必要となるでしょう。さらに、いうまでもなく医療現場でのマネジメントの主体は主治医であり、医師とコミュニケーションを図ることは、面接の時間や頻度のいかんにかかわらず必要なことです。

本論は医療現場における「隔週30分」カウンセリングについての一事例にすぎません。今後、さまざまな形での検討が必要となることは間違いないでしょう。本事例を読んだみなさまがみずからの現場のリアルを見つめ、日頃の臨床について思いを馳せる契機となれば幸いです。

第10章　教育現場での30分カウンセリングの実際

筒井亮太・上田勝久・細澤　仁

1　はじめに

従来の「週1回」「50分」というカウンセリングの枠組みが、昨今、そのまま現場で通用する場面が少なくなっています。大学や大学院で教育されてきた「常識」をあらためて問い直す機会が増えてきてもいます。一定の習熟を修めた心理臨床家であれば、こうした事態にも対応可能かもしれません。しかし、駆け出しの若手や初学者がこの現実に直面すると、少なからず動揺することでしょう。本書は、こうした最前線でのニーズに応える形で編纂されたものです。

本章での目的は、教育現場での「30分」カウンセリングの事例を提示し、その実際の運用をいくらか描き出すことにあります。本章の題名にある「教育現場」は、基本的に、義務教育を受ける児童・生徒とかかわる教育・指導の現場を指します。幼稚園、小学校、中学校、高校、大学、適応指導教室、教育相談所など、さまざまに現場は存在していますが、本章ではスクールカウンセラー（以下ＳＣ）の現場から述べていきたいと思います。

2　揺さぶられる学校文化

どんな現場でも、臨床家は他職種のプロたちと交流することなくしてその真価を発揮することはできません。医療現場には「キュア」や「ケア」という方向性があり、産業分野には「適応」や「生産」という視点が存在しています。同様に、教育には学校文化という土壌が存在しており、この土壌で子どもたちが教えられ育まれているという事実があります。ここに良し悪しはありません。

近年では「インクルーシヴ教育」や「合理的配慮」が標榜され、子どもたちの多様性を尊重する視点が積極的に学校文化に導入されています。ＳＣとして教師とかかわっていると、教師の見解も柔軟なものになっているような感触を得ます。「フリースクール」という選択肢も提示されたことにより、「学校」になじまない子どもたちに教育の機会が供給されるようになりました。これ自体は喜ぶべきことでしょう。

一方で、その多様性に向き合う教師の対応は、その動向の進み具合に比べると、やや心許ないように見受けられます。子どもたちの提示する多種多様なニーズに対応するスキルやアセスメントの視点が不十分なまま、教師たちは現場に放り出されているようにも映るのです。実際、筆者がかかわってきた教師たちは、程度の差こそありますが、つねに不全感を抱えたまま子どもたちを教え指導しています。滝川（2017）が指摘するように、近年の学校ではその「聖性」が失われ、教師がかつてのように「先生」として崇められることはもうありません。

不登校ひとつとっても、その捉え方は変化しました。前世紀では解消されるべき「問題」として扱われてきましたが、二〇一六年九月一四日、文部科学省はある方針を示しました。「不登校を問題行動と判断してはならない」とし、「不登校の時期が休養や自分を見つめ直す等の積極的な意味」を持つことを（そのリスクも含み込んだうえで）通知したのです。ひと昔前ならば、「不登校＝悪いもの、登校＝良いもの」という単純な二分法（精神分析でいうところのスプリッティング）により、教師たちは自身の認知的な整合性を保っていました。ところが、近年の教師は「無理に学校に来なくてもいいですよね」と口々に述べており、筆者自身が軽いカルチャーショックを受けるほどです。その一方で、不登校生徒は教室内に空席として「不在の」存在感を醸し出し、教師はその不在の是非をめぐって葛藤しているのも事実です。

現場の「先生」たちは苦悩しているのです。こうした心的な苦痛を排除し、躁的なまでに旧態依然の教育指針を打ち立てる教師もいるにはいます。しかし、よくよく接してみると、そこにはやはり、自身の方針が揺るがされているという動揺が垣間見えるものです。学校文化そのものが揺さぶられており、教育現場はその変容のとば口に立たされているのでしょう。

3　抱える機能を供給するスクールカウンセリング

学校文化が揺るがされている以上、その土壌に参入するSCもまた揺さぶられます。実際に勤務すると、さっそく「はじめに」で述べたように、カウンセリングの「常識」が揺るがされるでしょう。

この常識は、臨床家たちに「安定した器（構造）と安定した中身が確保されているという安心感」を提供してきましたが、現在では残念ながらそうではありません。各自治体や地域によっての違いはありますが、複数校を兼任する（つまり週1回もままならない）、面接室と物置部屋が兼用である（つまり自身の私的空間を確保できない）、面接室が学校にない（つまり安定した構造がない）、職員室にSCの机がない（つまり学校職員として歓迎されていない）、などの事態に遭遇するからです。

また、1回のカウンセリングの時間を「50分」確保するのも至難の業です。児童たちが授業時間に授業を受けずにカウンセリングを時間フルに受けるのは困難です。授業時間をカウンセリングに割くというのはその子の教育を受ける機会を部分的に剥奪し、同級生との学習面での進捗に隔たりを作ることを意味します。もちろん、授業時間にカウンセリングを設定することが一概に悪いといっているわけではありません。そういう設定が必要な場合もあります。しかし、できるだけ、子どもが授業を受ける権利を保障しつつ心理的ケアを受けられるようにマネジメントすることが肝要でしょう。

放課後であれば「50分」の時間を確保できるでしょう。しかしそのように設定してしまうと、その時間枠を利用できる生徒が限られてしまいます。これでは緊急を要するケースが入った場合に対応することができません。また、多くの生徒は部活動やクラブ活動に参加する権利がありま す。なので、SCはつねに自身の時間枠の使い方を意識しておかねばなりません。よく利用される手法は、昼休み前後の「30分」の時間を活用するというもので、本章で取り上げている事例では基本的に昼休みの時間を用いた設定が組まれています。

以上のように、SCもまた不確かな構造をはらんだ学校文化に投げ込まれているのです。ネガティヴな面を強調しすぎたかもしれませんが「ピンチはチャンス」です。揺れ動いているということはそれだけ変化に対して開かれているということです。それぞれの学校のシステムが揺さぶりを受けている今だからこそ、SCとしてその揺れを抱える必要があります。

SCはその性質上、勤務時間と日数が制限されています。その一方で、管理職との調節さえ行えば曜日や時間帯を融通できますし、教師との連携を行ったりすることで学校全体（「チーム学校」）として問題にあたることもできます。ケース会議やコンサルテーションを通じて学校全体を抱えることで、そうした抱えの機能を学校に取り入れてもらえるようにしたいです。つまり、精神分析家のウィニコットが言う「抱える環境 holding environment」をいかに供給するのか、その対象生徒の周辺をどのようにマネジメントするのかが問われるのです。この点で、SCは非常にやりがいのある臨床実践といえるでしょう。

4　事例「リ・メンバリング」

ここに提示する事例は、筆者がＳＣとして配属された高校での臨床実践から引いたものです。プライバシー保護の観点から、本事例はいくつかの事例を組み合わせたうえで、大部分を改変しています。また、いくぶん昔の事例なので現在の学校システムとは微妙に異なる点もあることをご了承ください。

筆者がその生徒（以下Ａ）と出会ったのは、赴任してまもない頃でした。筆者はその学校ではまだ1年目ということで、組織からのニーズも的確に読み取ることができず、前任者からの引き継ぎ案件も十分にこなせていない感覚を抱いていました。つまり、不全感を覚えていました。その頃の筆者の業務は、数名の教師、養護教諭とのコンサルテーションや教室巡回が主たるものでした。引き継ぎのケースが1件だけあったことを除けば、面接業務は皆無でした。筆者には、自身の従事しているＳＣの業務を十分に遂行できていない感覚があったのです。

学校現場に入ったことのある方なら共感いただけるかと思いますが、学校はつねに忙しそうです。対照的に筆者にはあき時間が膨大にあったので罪悪感も喚起されました。「給料泥棒」という言葉も頭をかすめました。けれど、積極的に働きかけようにも、教師たちの動きはどこか慌ただしそうで、声をかけるのがためらわれました。職務怠慢ではないかという自責の念を抱きつつ、焦燥の想いにも駆られていました。なにか学校全体に自身の存在をアピールする機会を発見しなければと漠然と思っていた頃、Aが話題に上がったのです。

Aは中学校の頃から不登校の状態にいました。しかし、担任教師の粘り強い働きかけもあって、少しずつAの足は学校に向いていました。着実な滑り出しを見せていたのです。ところがその矢先に、父親が自死を図りました。もともとAと父親はたいへん仲がよかったのですが、Aが思春期に入ってからは少し関係性がこじれていました。その日、父親はいつもの時間に帰宅しませんでした。そして連絡も取れぬままに翌日を迎え、事の顛末が明らかとなったのです。たいへん不幸なことに、警察からその報せを受け取ったのは、不登校で家にいることが多かったAでした。家族のショックも大きかったのですが、その報せのインパクトを最初に被ったAのショックはよりいっそうのものでした。Aの状態は崩れていきました。

さて、定期的にもたれる支援会議のなかで、日頃懇意にしていた教師の示唆もあって、筆者がAと1度会ってみるという話が持ち上がりました。筆者自身も、これまでのAの経過を鑑み、A自身の状態をアセスメントする必要性を感じていました。そこで、筆者は担任と話し合い、Aと引き合わせてくれるように頼みました。担任もアセスメントの必要性を理解していました。担任が面談のセッティングを買って出てくれたので、Aと筆者は面接室で直接会うことができました。

面接室で待っている筆者の耳に扉をノックする音が聞こえました。「Aです、よろしくお願いします」とハキハキ述べ、Aは入室しました。Aの持参した申し込み用紙には、小さく丸みのある文字で「父親が死にました」と書いてありました。そこから筆者はきわめてリアルで切実な想いを感じましたが、その一方、いすに腰かけたAの姿にどこか現実味のなさも感じました。Aはその申し込み用紙の筆致とは裏腹にとりとめもない話を語っていきました。Aとのやりとりはそつのないもので、身内の自死のあとにしては表面的には落ち着いているように見えました。けれど、そこには受け入れがたいリアリティと折り合いをつけようとする動きも感じ取られました。

筆者は、ある時点で、申し込み用紙の記載に目を移し、「お父さんが亡くなったんだね」と伝えました。Aは肯定し、ぽつりぽつりと、父親の死の状況や推測される理由などの想いを語りはじめてくれました。語りはかなり詳細で、聴いている側としては場面がありありと想像できるものでした。筆者は、きっとAはこれらの想いを何度も何度も反芻していたのだろうと連想しながら、Aの話に耳を傾けていました。筆者は、話がひと段落したところで、「あなたも死にたいと思うのだろうか」と尋ねました。Aはためらいながらも肯定し、「具体的にっていうわけじゃないけれど、ふらーっとどこかに飛び出して轢かれたりしたらって思ったりはします」ともらしました。一方で、「お父さんに会いたいとは思う。けど、家族のこともあるし、死ぬわけにはいかないとも思います」と続けました。

筆者は、死にたいと思うことはこの状況ではある程度当然の反応であると思うと伝えました。しかし、筆者自身はAに死んでほしくはないと思っているとも語りかけました。こうして、初回での30分カウンセリングは終わりました。

初回面接で筆者が念頭においていた案件は、Aの自死の可能性でした。Aとの初回面接の手応えとしてはその可能性はまだ低い、という感触がありました。けれど、面接でAの心情や感情が言語化されたことを契機に、死にたいという気持ちが活性化される可能性はおおいにありました。

そこで、Aの了承のもとに、面接後、担任と管理職と情報の共有を図りました。筆者自身が翌日に会えるように勤務日を調節すると同時に、家庭との連絡を密に行うようにお願いしました。「話したことで少し状態が落ち込むことが予測されますので」とも言い添えました。養護教師にも、Aの来室があった場合の様子などを注意して見ていただくように伝えました。

次の日、やはりAの様子は不安定なものとなり、管理職より連絡がありました。母親が様子を心配していたことも聞かされました。筆者は別室に登校していたAと会うことにしました。Aの語ることには、父親の記憶を思い出したことにより「会いたくなった」ということで、いくぶん前回よりも現実感が薄くなっているように思えました。筆者は、Aの状態をあらかじめ聞いていたため、担任を挟んでの三者面談を設定しました。学校生活を送りにくくなっていることについての現実検討を促すという意図がそこにはありました。三者面談のなかで、Aは当座の取り組むべき課題を整理することができました。

担任との話し合いによって、筆者とのカウンセリングはAのニーズに応じて設定されること（つまり「オンデマンド」）となりました。筆者が心理的なケアを担当し、担任が生活や学校課題などを管理する立場をとることになりました。その後、数回ほど、Aとの面接は持たれました。自死に対して、父親は生前「そんなことはしない」と語っていたようです。しかし、そんなことをした父親がたしかにいたのです。そのような矛盾した状況を抱えきれず、かといって割り切ることもできないというAの語りには、痛烈な悲哀が漂っており、涙を流す場面もありました。聴いていた筆者も悲しくなりました。父親の自死にいたった経緯は、家族には秘密にされていた生前の手記のなかに断片的に記されていました。Ａはそれを肌身離さず所持していました。Ａは、その手記を何度も何度も読み返すことで生前最期の父親の想いに肉薄しようとしていました。そのようなＡの姿勢に対して筆者はただ耳を傾けるしかありませんでした。

納得しては反発し、というプロセスが何度も繰り返されていました。ある回でＡは吹っ切れたように筆者に父親への想いを語ったかと思うと、次の回では抑うつ的な様相を示しました。そして徐々にではありますが、Ａは父親の死をめぐって、自身の人生観が変わったという肯定的な結果にも目を向けていきました。またこの頃、祖父が使わなくなった趣味の道具をＡに譲ってくれました。その道具を使って祖父や父親が親しんでいた趣味の活動をＡは始めていきました。「この道具たちは自分が死んだら、きっと誰も使わなくなると思う。だから自分が死ぬわけにはいかない」と語るＡの表情は、カウンセリングを始めた頃に比べてずいぶん明るくなっていました。教師たちはもちろん、Ａ自身も自分の状態を肯定的に捉えることができるようになっていました。さらに父親の自死のことを、数名の心許せる友人に打ち明けており、仲間内での感情や想いの共有が行われているようでした。筆者には、ある種の復帰が果たされたように感じられていました。

長期休暇明け、Ａとの面接を設定しました。どうなっているのか内心不安を感じながら筆者はＡと会いました。存外、Ａはいつも通りでした。長期休暇での過ごし方が散発的に語られました。そのなかには父親の喪の作業のことも含まれていましたが、淡々と、しかし感情が感じ取れるような語りでした。筆者は、Ａの様子がそこまで激変していなかったことに安堵し、「もう大丈夫なのかもしれない」と思いました。しかし、見通しはそこまで甘いものではありませんでした。

Aは再びひきこもりを示しました。しばらくは登校を続けていましたが、次第に気分が落ち込むようになり、学校から遠ざかったのでした。母親はひとりっ子のAを残しておくことに不安を感じ、心配していましたが、仕事で家庭を支えなければなりませんでした。そこで担任と筆者は話し合い、再度、三者面談の機会を設け、家庭訪問を行いました。

Aはやる気が起きないことを語りました。Aは将来への不安を吐露しつつも、父親への想いが再燃してきたことを述べました。故人を悼む儀式的なプロセスはある程度終わっていましたし、家族や友人関係を通じて、父親の死という事実はある程度の整理がついてきていました。しかし、逆にいえば、だからこそ、「なぜ死ななければならなかったのか」という答えのない問いへAは没頭しているように見えました。筆者は、長期休暇前に「もう大丈夫なのだろう」と勝手に自身が感じていたことを思い出し、恥入りました。そしてAの体験と重ねました。周囲の大人から見れば、Aは「もう大丈夫なのだろう」が、A本人からすれば、遺された家族からすれば、「もう大丈夫」などずっとないでしょう。筆者は、Aの自室の机の上に開かれたままになっている英語の教科書やプリントに目をやりながら、ある種の時間の停止を感じました。そして、Aの父親の自死を徐々に忘れようとしていた周囲の人間たちと、何度も想い出しては心的痛みを感じるAや家族のことを考えました。Aはそばにある仏壇のほうをぼんやりと眺めていました。

筆者はゆっくりと次のように述べてみました。

「私は、あなたはもうお父さんのことを大丈夫なものとしていると思っていた。私はある意味、もう忘れていたのだと思う。でもあなたは、お父さんのことをずっと忘れないでいたのだろう。

きっと徐々にまわりがお父さんのことを忘れようとし、そのことを語りたがらないようになっていったのだと思う。それでもあなたは、お父さんを、だからこそ忘れていたくはないのだろう」

Aは目に涙を浮かべながら、小さくうなずきました。しばらくの沈黙が部屋を覆いました。ふと筆者は、その英語の教科書のページに「remember」という単語を発見しました。

筆者は、英語のrememberingが「想い出すこと」であることを伝え、事故や事件で身内を亡くした遺族たちにとって、その亡くなった人を想い出すことは、たいへんに意味のあることだと思うと伝えました。その言葉の意味するところは、その遺された人たちの人生に、もう1度故人を招き入れることre-membering（再びメンバーにすること）なのだと。Aはそれを聞くとしばらく考えました。そして、「ずっと、忘れない、覚えておこうと思います。お父さんを何度でも想い出そうと、想い出すと思います」とこぼしました。そして、また沈黙が静かに流れ始めました。

その後、担任よりAは学校へ登校できない日が依然として続いていると聞かされました。担任は、定期的に家庭訪問をして、その現状の現実的な側面を直面化していました。Aと担任の関係性であれば、そしてこれまでであれば、この直面化は有効な手段でした。しかし今回のAは、担任の顔を見ることもなく反応もなかったようです。筆者は、担任＝直視できない現実なのだろう、と担任に伝えました。そして、担任や母親が感じている不安や焦りこそが本人が感じているものなのだろうとの理解を提示しました。そのうえで、筆者は母親や担任とのコンサルテーションを密に行うように動きました。その学期のあいだ、Aは登校と休みを繰り返しました。時折、保健室や教室で見かけたAのまわりには数名の友人がいました。笑顔を見られる場面もあったし、楽しそうに過ごしている様子も垣間見ることができました。

　年明けの面接で「最近、祖父と話すことが増えて、将棋をちょっとやってる。ちょうど今年に入ってから始めた」とAは語り、年末年始の暮らしぶりを話してくれました。筆者は、将棋を一緒にしてみようかと言葉をかけ、Aも了承しました。将棋を指すと、まだまだうまいとはいえず、戦略も戦術も練られたものではありませんでした。駒を指しながら「こうやってなにかをしながら話すのっていいですね。将棋を始めたのも、大人とのあいだでコミュニケーションのツールになるからなんです」とAは述べました。1局目は筆者の勝ちでした。Aは「もう1回」と言い、もう1局打つことになりました。祖父の話もそこそこに父親の話になりました。

「やっぱり最近はもやもやすることが多かったんですけど」と父親の死をめぐって考えることが多いとAは述べました。Aは夢を見たことを報告しました。夢のなかでAは父親を見かけたようでした。断片的ながら、その夢はAにとってよい体験のようでした。「泣きました。すごく。もやもやもすっきりしました」と語り、しばらく沈黙が流れました。「お父さんに会えたけれど、それでもやっぱりお父さんには会えないということの両方を体験したんだね」と伝えると、Aはうなずきました。家族のことを聞いてみると、母親はときどき泣いているようでした。「自分が家族で初めに聞いたんですよね、お父さんのこと」。Aは、父親の死後の家族でのやりとりを具体的に語ってくれました。そして、自分が家族を支えていかなければならないことを語っていきました。それは躁的なものではなく、着実な実感を伴うものでした。

　筆者とAが初めて会ってから1年が経とうとしていました。Aは祖父や父親が趣味としていたものを継続していました。そして父親の仕事にも関心を示していました。その職に就くために必要とされる勉強や課題を将来のこととして考えるようにもなっていました。筆者は、失った対象である父親に対して、たしかに悲嘆を感じ悲しみを覚えていたAが、今や亡き父親とは違いつつも確実になにかを受け継ごうとする姿勢を示したことにある種の感動を覚えました。筆者は「君なら、立派な思いやりのある人になれるよ」と言葉をかけたくなりました。この言葉の背景にある筆者自身の感情を吟味してみると、筆者がAを応援したくなっていることは明らかでした。「あなたは、お父さんのことが好きなんだね」と伝え、「そして家族もお父さんのことが好きなんだろうね」とも伝えました。Aは天井を見上げ、なにかを考えている様子でした。

しばらくAと会うことはなかったのですが、ほかの生徒との兼ね合いでAは別室登校という形で学校とのつながりが維持されていました。筆者が偶然、Aと休み時間に会ったとき「先生、将棋をしましょう」と言われました。どうやらあれから勉強や練習を重ねて、祖父にも勝ったことがあるようでした。筆者とAは1局だけ打ちました。Aは「棒銀」という将棋の戦法を用いてきました。それは筆者が以前Aに使っていた戦法でした。

5　考察

事例の考察で必要な要件は、(A) 治療構造（「設定」）と(B) 治療関係（「過程」）の2つでしょう。本章の事例のAとのカウンセリングを「設定」というハード面で見ると、「30分」が絡んでいます。そして、筆者との治療関係とその「過程」がAの喪の作業をいくぶんか促進した、と見ることができるでしょう。

臨床家であれば、設定がカウンセリングのプロセスに影響することに異議のある方はいないでしょう。本事例は基本的にオンデマンドの「30分」というリミットのもとで実践されました。「30分」という設定であるがゆえに、面接の設定やマネジメントを柔軟に配置できました。まずは「30分」が有する強み、次いでその運用を可能にしたマネジメントの側面を考察します。そして、最後にその治療関係について考察を加えてみましょう。

(1) 治療構造――「設定」について

(a) 「30分」という枠組み

学校現場の教師たちは多忙です。「50分ほどお時間をください」と言われるよりも「30分ください」と言われたほうが（結局終わってみると90分以上話し込むということが往々にしてあるとはいえ）教師は快諾しやすいのです。ひとりの生徒と密室で面接を持つという状況を設定する際に、「30分」は学校側からは受け入れやすい枠組みなのです。

生徒の側からも同じです。言語能力が発展途上の低年齢だと「50分」は長すぎます。依存が葛藤的な主題となる思春期だと「50分」は恐怖です。実のところ、学校現場でこの「50分」という設定を至適時間として活用できる生徒は存外少ないのではないでしょうか。「50分」の運用をカウンセラー側で相当に計画しておかないと中断や混乱といった事態を招いてしまうように思えます。「30分」というのは「まぁ、それくらいなら会ってもいいか」と思ってもらいやすい時間なのです。

そのように考えると「30分」という設定は、カウンセラーにとってもクライエントにとっても「ほどよい」時間として機能しているようです。この事例のAは、筆者に対してほどよい依存を示しています。Aは十分な言語能力や心理的能力（いわゆる心理的志向性 mind-mindedness）、自己モニタリングの力を持っていましたが、「週1回」「50分」という古典的設定であれば、初期の時点で〝カウンセリング不登校〟になっていたでしょう。もちろん、こうしたミクロな中断も踏まえてカウンセリングせよという向きもありますが、担任や学校といったリソースを活用するほうが事態に好転をもたらす場合も多いのではないでしょうか。

「30分」の実感として、その時間内で生徒たちはこころのうちを語り尽くすことはできません。ある意味「中途半端」な形でセッションは終わってしまいます。そこには良い面と悪い面があります。Aが初回面接後に示した不調は、「30分」でのワークが「中途半端」であった結果が表出したと見ることもできます。その反面、これは次に話題や課題を持ち越させるための「中途半端」としても機能するでしょう。

本章の事例では適応しませんでしたが、小回りの利く「30分」であれば、昼休みに1セッション、放課後にもう1セッションという「ダブルセッション」を組むことが可能です。第1セッションで少し侵襲的な介入を行い、その結果とフォローを第2セッションで回収できます。こうした柔軟な対応ができるのも「30分」カウンセリングならではの特色でしょう。Aの初回面接時に筆者がAの微細な陰性反応をキャッチできていれば、あるいは放課後に追加セッションを設定していたかもしれません。

(b) 抱える環境の設定と供給

河合隼雄はかつて「教師は増えたが育師は減った」と嘆いていました。そしてその心理的ケアの一端を担う存在としてSC事業を学校文化に導入しました。教師である教職員と育師であるSCが両輪となって子どもたちの「教・育」に携わることを提言したのです。

しかし、往々にしてこの車軸は分断されがちです。SCは「面接室に閉じこもる」「生徒側」の異物とみなされ、一方の教師は「子どものこころに無頓着な」存在として想定され、結果、「教」と「育」は分断（スプリッティング）されがちです。「育」の最前線である保健室の養護教諭が学校のさまざまな不満を投げ込まれる受け皿として機能させられている場面もよく見かけます（佐治ら、1995）。あるいは、SCに「おまかせ」状態の生徒が多数生じ、SC側も「よく自分は仕事をしている」という感覚に陥ってしまって、学校全体のシステムの問題に気づきにくくなるということも起きるかもしれません。

本事例では、適宜、担任の教師を挟んだ三者面談の機会を用意しました。この三者面談にもそれなりの技法的配慮が求められるのですが、本章の範囲を越えるので詳述いたしません。ただ、家族療法や短期療法の文献が参考になることのみ記しておきます。ともあれ、このように三者面談を入れたことで、従来のカウンセリングで生じがちであった関係性の閉塞化が防がれたように思います。これは、医療分野ではA－Tスプリットといわれる仕組みで、現実面を管理する管理医 Administrator と心理面に目を向けるセラピスト Therapist の分業構造と相似のものです。

こうした分業により、筆者はカウンセラーとして心理的な側面に取り組むことが可能となりました。この意味で筆者は担任と学校に抱えられていました。一方、筆者は定期的な生徒支援のミーティングでAをはじめとした子どもたちや学校がおかれている状況の見立てを伝えることで学校全体の舵取りの一端を担っていました。Aの場合、とりわけ自死の懸念があった初期では、こうしたチーム学校としての全体対応が下支えとして機能していたのはいうまでもありません。

換言すれば、担任との連携がAと筆者のカウンセリングを抱え、筆者のフィードバックが学校全体の抱える機能を向上させたと考えることができます。事実、この事例を皮切りに、筆者は定期的に学校内で校内研修を催す機会を与えてもらい、子どもたちの心理や学校機能のマネジメントを全体に伝達することが可能となったのです。

⑵ 治療関係――「過程」について

本事例をお読みなればおわかりと思いますが、筆者の介入は徹頭徹尾、サポーティヴな路線のものでした。身内の死に対してAが働かせている防衛のシステムを暴くのではなく、「覆いをつける」ものでした。言い換えれば、「本人の情緒的体験を支えていく支持」と「自我機能の強化という支持」の二重の意味を含み込んだ介入路線であったように思えます。

とりわけ、Aの自我機能が当初より一定の水準にあるとアセスメントができていたのは大きかったでしょう。申し込み用紙に記された当人の想いと、実際に語られるとりとめもない話のギャップは、Aが死という事態に対してある程度防衛を働かせている証左と見ることができたからです。また、父親への想いを反芻していたことなどから、Aのモニタリング機能は心理的に物事を考えていける可能性を十分に示唆していました。

Aは、祖父と父親の趣味を引き継ぐという形で、父の死をワークしようとしていました。趣味の道具を代理の父たちとして愛着を抱き、それを使用し続けることで父親の死を部分的に打ち消しつつ、徐々に受け入れていったと考えられます。祖父や父親とのつながりとして、そして「大人とのあいだでのコミュニケーションのツール」として始めた将棋が、Aの心的成長を飛躍的に促進したようです。Aは祖父や筆者との対局を通じて、死者ではなく生者との手応えある交流に打ち込んだのでしょう。実際、最後にAが筆者に指した「棒銀」は、筆者がAに多用していた戦法です。これは、Aが筆者の機能の一部を取り入れていたことを示すエピソードです。

「30分」であるからといって、古典的設定での視点が活かせないわけではありません。筆者は、Aの話に耳を傾けながら、折に触れて自身の内的な感覚や感情をモニタリングしていました。そして、その内面の手がかりからカウンセリング場面の〈いま・ここ〉で生起している生の交流の端緒をつかみ、頭のなかでAに伝わるような理解を定式化し、言葉にして伝え返す、という介入もしていました。面接空間はスタティックなものではなく、つねに動き続けるダイナミックなものです。そこに「50分」も「30分」も関係ありません。ただし、「30分」の場合、素早く感知する必要性はありますが。

いうまでもないことですが、Aの喪の作業は筆者との関係でのみワークされたわけではありません。三者面談に参与した担当教師はいうにおよばず、頻繁に声をかけ気にかけ続けた養護教師、学校全体を見ながら適宜マネジメントした管理職、そして自身もまた遺族でありながらAの奮闘を家庭で見守り続けた保護者の力なくして、この作業は達成できなかったことでしょう。

6 おわりに

本事例は筆者が駆け出しの臨床家であった頃に携わったものです。相当昔なので、現在の筆者の臨床の考えにはなじまないものもあるのですが、不思議とその本質はあまり変わっていないように思えます。臨床家はつねにユーザーや現場のニーズにアンテナを張り巡らせているべきです。そして、その用途に合わせて設定を定め、支援対象に供給することで真価を発揮します。現状が「隔週」や「30分」のカウンセリングを求めているのならば、その是非をみずからの頭で考えて、プロとしての視点を提示しなければなりません。

本章では、ある種の正道や正解を示唆することを欲望しておりません。読者のみなさんになんらかの思考や感性を喚起することこそを望んでいます。本書に納められた思索や事例に触れることでみなさんがオリジナルな考えを膨らませることができれば、筆者らにとって望外の喜びです。

〔付　記〕

せっせと本書を仕上げているあいだに、世界は新型コロナウイルスCOVID-19の猛威に晒させることになりました。密閉、密集、密接といういわゆる「三密」を避け、物理的に対人距離を保つことsocial distancingの重要性が周知されました。

この世界規模の危機的事態はカウンセリングという営みにも影響を及ぼしています。除菌や消毒、換気の徹底はいうまでもなく、あるところではアクリル板を導入したり、別のところではオンラインというチャンネルを開設したり、とさまざまな対応がとられています。学校現場で働くSCにも、児童や保護者との長時間面談を極力避けるべしという通達が来ました。同僚たちに聞くと、時間のリミットは「30分」ないし「15分」がせいぜいのところのようです。

心理臨床家たちが当たり前としていた「週1回」「50分」という常識が、どれほどありがたいことで恵まれていたことだったのか、痛感させられます。ポスト・コロナの心理臨床はどう変わるのでしょうか。あるいは、この「常識」は生き残ることができるのでしょうか。答えはまだわかりません。あらためて本書の「30分」という視点が最前線に活かされることを願ってやみません。

あとがき

本書を手に取り、ここまで読み進めてくれた読者のみなさんに感謝いたします。

本書に対して、みなさんはどのような感想を持たれたでしょうか？　日々の臨床活動に役立つ知見を得られた方やなんらかの実践的なアイデアが賦活された方もいれば、「週1回、50分の心理療法」という伝統的な枠組みを崩すような知見の提示に戸惑われた方、憤りを覚えた方もおられるかもしれません。

人と人とが出会い、なんらかの作業に取り組もうとする際に、ある枠組みを定め、それを維持しながら事に取りかかろうとするのは、心理臨床特有の文化だと思われます。だからこそ、私たちは「設定」や「治療構造」に対して、よりセンシティヴになっておくべきだと思います。

しばしば、「こころ」は図式化された形で語られます。フロイトの局所論や心的構造論、内的世界やパーソナリティ構造という地理的発想はここでいう図式化の一例です。

しかし、おそらく実際のところは、こころは流動体であり、可逆的なものなのだと思われます。心的構造論を提示する以前、フロイトは病理のメカニズムをリビドー論に依拠して考えました。

生体内部を駆けめぐる（性的な）エネルギーを想定し、その動き方、流れ方によってさまざまな心的事象を捉えようとしました。個人的には、このリビドーモデルのほうが「こころ」というものの実態に則しているような気がします。心理療法や心的交流は、この流体としてのこころとこころの交わりを指すのではないでしょうか。

そうだとすれば、水が容器によってその形態を変えるように、こころやその交流も、それを入れておく枠組みによって変わってくるはずです。容器は中身に影響します。ゆえに、私たちは専門家としてその容器の性状を理解しておく必要があります。設定や治療構造は支援のための専門的アイテムです。ゆえに、私たちはその道具の性状を熟知し、それを適切に使いこなせるようになっておく必要があります。本書は「30分」「低頻度」という容器の性状について解析し始めた本邦最初の著書となります。

「週1回、50分のレギュラリーなかかわり」という私たちがオーソドックスな枠組みとして採用してきた設定は、とても意義ある枠組みであると感じます。心理職とは異なる専門家の手による第7章や第8章に示されているように、とくに医療や福祉の現場ではユーザーと構造化された面接に取り組もうとしても、毎回50分もの時間をひとりの人に捧げることはできません。心理職以外の専門家がこれらの現場に流れる時間から特別に「50分」という時間を切り取ってひとりのユーザーに供給することは、多忙さという観点からも、支援サービスの均衡化という観点からも、とても困難なことです。「50分」という潤沢な時間配分は、せわしない医療・福祉現場のなかに異なる時間の流れを作りだします。それはせわしない時間のなかで見逃され、置き去りにされがちなユーザーのこころをとどめおく器となり、彼らの個としてのありようを包みこむ場となっています。

しかし、現状はそれを許してはくれなくなってきています。心理職もまた外部のせわしない時間の流れにのまれ、短時間・低頻度設定の面談を余儀なくされつつあります。それは私たちが築き上げてきた文化の危機でもあります。

これが現実です。本書の執筆陣のすべてが、この種の現実とこれまでの心理臨床特有の文化との狭間で葛藤し、それでもなお、ユーザーに役立つ支援を供給する術を模索した結果をここに記しています。むろん、この葛藤と模索はこれからも続くでしょう。

このように書くと、いかにも「苦肉の策としての30分カウンセリング」といったニュアンスを帯びそうですが、ここには新たな支援法の芽も息づいています。

このあとがきを執筆している令和2年の春、私たちの社会はCOVID-19によって大きな変化を被りました。必然的に従来の対面による心理療法の施行が困難となり、オンラインカウンセリングへの切り替えを余儀なくされました。これもまた私たちが築き上げてきた文化の危機を示しています。

しかし、「オンラインカウンセリングを役立たせるにはどうすればよいか」という議論が自生的に立ち現れてきました。私たちはそこに新たな心理臨床の可能性を見出しつつあります。

考えてみれば、私たちの文化は以前からこのようにして発展してきたのです。さまざまな事情から毎日分析を基調とする精神分析の適用が困難なユーザーに対して、それでも役立つ支援を供給しようとする努力のなかで精神分析的心理療法や支持的心理療法が生み出されてきました。クライエントセンタードアプローチや行動療法、ブリーフセラピーなどもまた既存の支援形態や技法をその時々の状況やユーザーに合わせて改変することで、独自の理論と方法論をもつにいたりました。私たちは絶えず新規の状況に向き合うことで、新たな支援の形を創造してきたのです。

本書がこの種の創造に寄与することを願います。

本書を執筆、編集するにあたり、さまざまな人にお世話になりました。
本書に事例として登場していただいたクライエントのみなさんに感謝申し上げます。
それぞれに独自のユニークな思索を展開してくれた執筆者に感謝申し上げます。
そして、本書のような新たな試みに賛同してくださり、このような素敵な著書に仕上げてくれた日本評論社の谷内壱勢さんに、こころより感謝申し上げたいと思います。

上田勝久

立場から」スクールソーシャルワーク評価支援研究所編『すべての子どもたちを包括する支援システム：エビデンスに基づく実践推進自治体報告と学際的視点から考える』pp.38-51、せせらぎ出版、2016年
ルイーズ．C．ジョンソン・ステファン．J．ヤンカ（山辺朗子・岩間伸之訳）『ジェネラリスト・ソーシャルワーク』ミネルヴァ書房、2004年
【第8章】
Hildegard E. Peplau（稲田八重子訳）『人間関係の看護論』p.58、医学書院、1973年
服部祥子『生涯人間発達論：人間への深い理解と愛情を育むために 第2版』p.9、医学書院、2010年
岩壁茂「カウンセリングテクニックの『前提』」岩壁茂編『カウンセリングテクニック入門：プロカウンセラーの技法30』臨床心理学増刊第7号、pp.20-27、金剛出版、2015年
Erikson, E.H.: Childhood and Society. p.273, W.W. Norton, 1951.
【第9章】
北山修「週一回精神療法：日本人の抵抗として」髙野晶編著、北山修監修『週一回サイコセラピー序説：精神分析からの贈り物』pp.21-41、創元社、2017年
小此木啓吾「治療構造論序説」岩崎徹也・相田信男・乾吉佑他編『治療構造論』pp.1-44、岩崎学術出版、1990年
上田勝久『心的交流の起こる場所：心理療法における行き詰まりと治療機序をめぐって』金剛出版、2018年
岩倉拓「心理臨床における精神分析的実践：治療0期の『耕し』と『治水』」藤山直樹、中村留貴子監修『事例で学ぶアセスメントとマネジメント：こころを考える臨床実践』pp.91-105、岩崎学術出版社、2014年
【第10章】
佐治守夫監修、岡村達也・加藤美智子・八巻甲一編『思春期の心理臨床：学校現場に学ぶ「居場所」つくり』日本評論社、1995年
滝川一廣『子どものための精神医学』医学書院、2017年

【第２章】
Balint, E., Norell, J.S.（eds.): *Six Minutes for the Patient: Interactions in General Practice Consultation.* Tavistock Publications, 1973.（山本喜三郎訳『６分間対話療法：実地医療における対話とフラッシュ（ひらめき）』考古堂、2005年）
Balint, M.: *The Doctor, his Patient and the Illness.* Pitman Medical, 1957.（池見酉次郎等訳『実地医家の心理療法』診断と治療社、1967年）
細澤仁「日常臨床と精神分析」祖父江典人・細澤仁編『日常臨床に活かす精神分析：現場に生きる臨床家のために』pp.49-65、誠信書房、2017年
神田橋條治『発想の航跡』岩崎学術出版社、1988年
【第３章】
藤山直樹「精神分析的実践における頻度：『生活療法としての精神分析』の視点」『精神分析研究』56巻１号、pp.15-23、2012年
神田橋條治『対話精神療法の初心者への手引き』花クリニック神田橋研究会、1997年
上田勝久『心的交流の起こる場所：心理療法における行き詰まりと治療機序をめぐって』金剛出版、2018年
【第４章】
Balint, M.: *The Basic Fault : Therapeutic Aspects of Regression.* Tavistock Publications, 1968.（中井久夫訳『治療論からみた退行：基底欠損の精神分析』金剛出版、1978年）
細澤仁『実践　学生相談の臨床マネージメント：リアルに考えベストを尽くす』岩崎学術出版社、2015年
細澤仁「日常臨床と精神分析」祖父江典人・細澤仁編『日常臨床に活かす精神分析：現場に生きる臨床家のために』pp.49-65、誠信書房、2017年
【第６章】
神田橋條治『対話精神療法の初心者への手引き』花クリニック神田橋研究会、1997年
【第７章】
日本精神保健福祉士協会「精神保健福祉士業務指針」作成委員会『精神保健福祉士業務指針及び業務分類（第２版）』2014年
安西信雄（研究代表）「新しい精神科地域医療体制とその評価のあり方に関する研究　平成24年度研究報告書」厚生労働科学研究費補助金障害者対策総合研究事業、2013年
宮本太郎「基調講演学校プラットフォームとSSWの可能性：福祉政治学の

ング』ナカニシヤ出版、2000 年）
Mynors-Wallis, L.: *Problem-Solving Treatment for Anxiety and Depression: A Practical.* Oxford University Press, 2005.（明智龍男・平井啓・本岡寛子監訳『不安と抑うつに対する問題解決療法』金剛出版、2009 年）
中井久夫・山口直彦『看護のための精神医学 第２版』医学書院、2004 年
中村敬編『日常診療における精神療法：10 分間で何ができるか』星和書店、2016 年
岡野憲一郎「日本の精神分析的精神療法：精神療法の『強度』のスペクトラム」髙野晶編著、北山修監修『週一回サイコセラピー序説：精神分析からの贈り物』pp.91-106、創元社、2017 年
Palazzoli, M.S., Boscolo, L., Cecchin, G. et al.: *Paradox and Counterparadox: A New Model in the Therapy of the Family in Schizophrenic Transaction.* Jason Aronson, 1975.（鈴木浩二監訳『逆説と対抗逆説』星和書店、1989 年）
Segal, Z.V., Swallow, S.R., Bizzini, L. et al.: How We Assess for Short-Term Cognitive Behavior Therapy. In C. Mace（ed.）: *The Art and Science of Assessment in Psychotherapy.* pp.102-116, Routledge, 1995.
Stewart, I.: *Transactional Analysis Counselling in Action.* Sage Publications, 1989.（杉村省吾・酒井敦子・本多修他訳『交流分析のカウンセリング：対人関係の心理学』川島書店、1995 年）
Stuart, M.R., Lieberman III, J.A.: *The Fifteen Minute Hour: Applied Psychotherapy for the Primary Care Physician.* Praeger Publications, 1993.（玉田太朗監訳『15 分間の問診技法：日常診療に活かすサイコセラピー』医学書院、2001 年）
髙野晶編著、北山修監修『週一回サイコセラピー序説：精神分析からの贈り物』創元社、2017 年
上田勝久『心的交流の起こる場所：心理療法における行き詰まりと治療機序をめぐって』金剛出版、2018 年
Winnicott, D.W.: *The Piggle: An Account of the Psychoanalytic Treatment of a Little Girl.* International University Press, 1977.
Yalom, I.D.: *Existential Psychotherapy.* Basic Books, 1980.
Zeig, J.K.: *Experiencing Erickson: An Introduction to the Man and his Work.* Brunner/Mazel, 1985.（中野善行・青木省三監訳『ミルトン・エリクソンの心理療法：出会いの三日間』二瓶社、1993 年）

木徹男他訳『ラカン派精神分析入門：理論と技法』誠信書房、2008 年）
Fink, B.: *Fundamentals of Psychoanalytic Technique: A Lacanian Approach for Practitioners.* W.W. Norton, 2007.（椿田貴史・中西之信・信友建志他訳『精神分析技法の基礎：ラカン派臨床の実際』誠信書房、2012 年）
Fordham, M.: *Jungian Psychotherapy: A Study in Analytical Psychology.* Wiley, 1978.（氏原寛・越智友子訳『ユング派の心理療法：分析心理学研究』誠信書房、1997 年）
Freud, S.（1913）: On Beginning the Treatment（Further Recommendations on the Technique of Psycho-Analysis I）. In S. Freud: *The Standard Edition of the Complete Psychological Works of Sigmund Freud, vol. XII.* pp.121-144, Hogarth Press, 1958.
Holmes, J.: *Attachments: Psychiatry, Psychotherapy, Psychoanalysis: The Selected Works of Jeremy Holmes.* Routledge, 2015.
Jung, C.G.: *Analytical Psychology: Its Theory and Practice*（*The Tavistock Lectures*）. Routledge & Kegan Paul, 1968.（小川捷之訳『分析心理学』みすず書房、1976 年）
Jung, C.G.: Was ist Psychotherapie? *Schweizerische Ärztezeitung für Standesfragen* XVI/26: p. 335, 1935.（大塚紳一郎訳「心理療法とは何か」横山博監訳『心理療法の実践』pp.3-14、みすず書房、2018 年）
笠原嘉『精神科における予診・初診・初期治療』星和書店、2007 年
Langs, R.: *The Technique of Psychoanalytic Psychotherapy, Volume 1.* Jason Aronson, 1973.
Linehan, M.M.: *Cognitive-Behavioral Treatment of Borderline Personality Disorder.* Guilford Press, 1993.（大野裕監訳『境界性パーソナリティ障害の弁証法的行動療法：DBT による BPD の治療』誠信書房、2007 年）
Mahrer, A.R.: *Therapeutic Experiencing: The Process of Change.* W.W. Norton, 1986.
Malovic-Yeeles, M.: Contraindications for Psychodynamic Psychotherapy. In J. Cooper, H. Alfillé（eds.）: *Assessment in Psychotherapy.* pp.125-134, Karnac, 1998.
Manaster, G.J., Corsini, R.J.: *Individual Psychology: Theory and Practice.* F.E. Peacock Publishers, 1982.（高尾利数・前田憲一訳『現代アドラー心理学 上・下』春秋社、1995 年）
Mearns, D., Thorne, B.: *Person-Centred Counselling in Action.* Sage Publications, 1988.（伊藤義美訳『パーソン・センタード・カウンセリ

参考文献

【第１章】

Adler, A.: *Problems of Neurosis. A Book of Case Histories.* Cosmopolitan, 1929.（岸見一郎訳『人はなぜ神経症になるのか』春秋社、2001 年）

Balint, M., Ornstein, P.H., Balint, E.: *Focal Psychotherapy: An Example of Applied Psychoanalysis.* Tavistock Publications, 1972.

Beck, A.T., Rush, A.J., Shaw, B.F. et al.: *Cognitive Therapy of Depression.* Guilford Press, 1979.（坂野雄二監訳『うつ病の認知療法』岩崎学術出版社、1992 年）

Bugental, J.F.T.: *Psychotherapy Isn't What You Think: Bringing the Psychotherapeutic Engagement into the Living Moment.* Zeig Tucker & Theisen, 1999.

Castelnuovo-Tedesco, P.: *The Twenty-Minute Hour: A Guide to Brief Psychotherapy for the Physician.* Little, Brown, 1965.

Clarkson, P.: *Gestalt Counselling in Action.* Sage Publications, 1989.（日保田裕子訳『ゲシュタルト・カウンセリング』川島書店、1996 年）

Coltart, N.: *How to Survive as a Psychotherapist.* Jason Aronson, 1993.（館直彦監訳『精神療法家として生き残ること：精神分析的精神療法の実践』岩崎学術出版社、2007 年）

Cooper, J., Alfillé, H.: Once-Weekly or More Intensive Therapy. In J. Cooper, H. Alfillé（eds.): *Assessment in Psychotherapy.* pp.63–68, Karnac, 1998.

David, L.: *Using CBT in General Practice: The 10 Minute CBT Handbook. 2nd Edition.* Scion Publishing, 2013.（竹本毅訳『10 分でできる認知行動療法入門：10 分間 CBT ハンドブック第２版』日経 BP 社、2016 年）

Dolto, F.: *Le cas Dominique.* Seuil, 1971.（小此木啓吾・中野久夫訳『少年ドミニクの場合：ある精神分析医の面接ノート』平凡社、1975 年）

Etchegoyen, R.H.: *The Fundamentals of Psychoanalytic Technique.* Karnac Books, 1999.

Fink, B.: *A Clinical Introduction to Lacanian Psychoanalysis: Theory and Technique.* Harvard University Press, 1997.（中西之信・椿田貴史・舟

執筆者紹介（50音順）

安藤佳珠子（あんどう・かずこ）
立命館大学大学院社会学研究科博士後期課程満期退学。臨床福祉学博士（関西福祉科学大学）。精神保健福祉士、社会福祉士、公認心理師。現在、日本福祉大学社会福祉学部講師。

筒井亮太（つつい・りょうた）
関西大学大学院心理学研究科修了。臨床心理士。現在、たちメンタルクリニック、社会福祉法人海の子学園、大阪府スクールカウンセラー。

浜内彩乃（はまうち・あやの）
兵庫教育大学大学院学校教育研究科修了。臨床心理士、公認心理師、精神保健福祉士、社会福祉士。現在、大阪・京都こころの発達研究所 葉、京都光華女子大学健康科学部講師。

坂東和晃（ばんどう・かずあき）
関西大学大学院心理学研究科修了。臨床心理士、公認心理師。関西大学心理相談室、奈良県スクールカウンセラー、精神科クリニックなどを経て、現在、国立病院機構奈良医療センター。

舞弓京子（まゆみ・きょうこ）
東京医科歯科大学大学院保健衛生学研究科修了。看護学博士。看護師、臨床心理士。現在、久留米大学医学部看護学科准教授。

編者紹介

細澤　仁（ほそざわ・じん）

栃木県生まれ。神戸大学医学部医学科卒業。精神科医、臨床心理士。現在、フェルマータ・メンタルクリニック院長、アイリス心理相談室代表。主な著書に『解離性障害の治療技法』（みすず書房、2008年）、『実践入門思春期の心理療法』（岩崎学術出版社、2013年）などその他多数。

上田勝久（うえだ・かつひさ）

三重県生まれ。京都大学大学院教育学研究科修了。教育学博士。臨床心理士、公認心理師。現在、兵庫教育大学大学院学校教育研究科講師。主な著訳書に『心的交流の起こる場所』（金剛出版、2018年）、『精神分析と美』（共訳、みすず書房、2010年）など。

実践《じっせん》に学《まな》ぶ 30分《ぷん》カウンセリング

2020年10月20日　第1版第1刷発行

編　者　細澤　仁
　　　　上田勝久
発行所　株式会社日本評論社
　　　　〒170-8474　東京都豊島区南大塚3-12-4
　　　　電話03-3987-8621（販売）-8598（編集）
印刷所　港北出版印刷株式会社
製本所　株式会社難波製本
装　幀　山田英春
検印省略

ISBN 978-4-535-56384-1　Printed in Japan